International Accounting Standards

IAS und HGB im Konzernabschluß

Von

Dipl.-Kfm. Dirk Baukmann

und

Dr. Udo Mandler

2., unwesentlich veränderte Auflage

R. Oldenbourg Verlag München Wien

Die Deutsche Bibliothek - CIP-Einheitsaufnahme

Baukmann, Dirk:
International Accounting Standards : IAS und HGB im Konzernabschluß / von Dirk Baukmann und Udo Mandler. - 2., unwes. veränd. Aufl. – München ; Wien : Oldenbourg, 1998
ISBN 3-486-24746-8
NE: Mandler, Udo:

Rosenheimer Straße 145, D-81671 München
Telefon: (089) 45051-0, Internet: http://www.oldenbourg.de

Gedruckt auf säure- und chlorfreiem Papier
Gesamtherstellung: R. Oldenbourg Graphische Betriebe GmbH, München

ISBN 3-486-24746-8

Vorwort

Die vorliegende Arbeit entstand aus einem Skriptum zu einem achtstündigen Seminar „Grundzüge der Rechnungslegung". Dieses Seminar wird von der DVFA (Deutsche Vereinigung für Finanzanalyse und Anlageberatung GmbH) regelmäßig als eigenständige Unterrichtseinheit im Rahmen des Ausbildungsprogramms zum Investmentanalyst DVFA-CEFA angeboten und von den Verfassern betreut.

Ziel dieser Unterrichtseinheit und damit auch der vorliegenden Arbeit ist es, die Grundzüge der deutschen Rechnungslegung zu wiederholen und dabei im Wege des Vergleichs in die Bilanzierung nach International Accounting Standards (IAS) einzuführen. Die gleichgewichtige Berücksichtigung der Rechnungslegung nach IAS und HGB reflektiert den sich zur Zeit vollziehenden Wandel in der Bilanzierungspraxis deutscher börsennotierter Unternehmungen. Mit Blick auf die Informationsbedürfnisse der internationalen Kapitalmärkte wenden diese in ihren Konzernabschlüssen zunehmend International Accounting Standards an.

Die veränderte Bilanzierungspraxis konfrontiert die Investmentanalyse, vor allem aber die Wirtschaftsprüfung und die Bilanzierenden, mit neuartigen Problemkreisen. Als Mitarbeiter einer international tätigen Wirtschaftsprüfungsgesellschaft sind wir in besonderer Weise gefordert, bei den Problemlösungen mitzuarbeiten und das gewonnene Know-how weiterzugeben. Die vorliegende Arbeit ist in weiten Teilen Ausdruck unserer Tätigkeit in der Projektgruppe „Internationale Rechnungslegung" der Fachabteilung Rechnungslegung und Prüfung der C&L Deutsche Revision AG. In diesem Zusammenhang sind wir insbesondere Herrn Dr. Gerhart Förschle zu Dank verpflichtet, der die vorliegende Arbeit ermöglicht und unterstützt hat.

Zu großem Dank verpflichtet sind wir auch dem wissenschaftlichen Leiter der DVFA, Herrn Prof. Dr. Otto Loistl, der die vorliegende Arbeit angeregt und von Seiten der DVFA unterstützt hat. An dieser Stelle möchten wir uns auch bei der Geschäftsstelle der DVFA für die vorbildliche Organisation des Ausbildungsprogramms bedanken.

Für die kritische Durchsicht der Arbeit bedanken wir uns bei Dipl.-Kffr. Bettina Hehn (C&L Deutsche Revision AG, Frankfurt am Main), Dipl.-Kffr. Cornelia Busch (Europa-Universität Viadrina, Frankfurt an der Oder) sowie Dipl.-Kfm. Ulrich Lorchheim (Justus-Liebig-Universität, Gießen), die uns vor manchem Fehler bewahrt haben.

Frankfurt am Main

Dirk Baukmann
Udo Mandler

Inhaltsverzeichnis

Seite

Abkürzungsverzeichnis

AHK	–	Anschaffungs- oder Herstellungskosten
AK	–	Anschaffungskosten
AN	–	Arbeitnehmerzahl
APB	–	Accounting Principles Board Opinion (US)
ARB	–	Accounting Research Bulletin (US)
AZM	–	Alternativ zulässige IAS-Methode
BS	–	Bilanzsumme
BuG	–	Betriebs- und Geschäftsausstattung
DP	–	Discussion Paper (IAS)
DSOP	–	Draft Statement of Principles (IAS)
EM	–	Empfohlene IAS-Methode (Benchmark Treatment)
FASB	–	Financial Accounting Standards Board
FK	–	Fremdkapital
GMZ	–	Grundmietzeit
GoB	–	Grundsätze ordnungsmäßiger Buchführung
GU	–	Gemeinschaftsunternehmen
HFA	–	Hauptfachausschuß des Instituts der Wirtschafsprüfer
HK	–	Herstellungskosten
IAS	–	International Accounting Standards
IAS-E	–	Exposure Draft (IAS)
IAS-F	–	Framework (IAS)
IASC	–	International Accounting Standards Committee
idR.	–	in der Regel
IDW	–	Institut der Wirtschaftsprüfer

IFAC	–	International Federation of Accountants
IOSCO	–	International Organization of Securities Commissions
iwS.	–	im weiten Sinne
MU	–	Mutterunternehmen
ND	–	wirtschaftliche Nutzungsdauer
plm.	–	planmäßige
PO	–	Point Outline (IAS)
PRAP	–	Passiver Rechnungsabgrenzungsposten
RHB	–	Roh-, Hilfs- und Betriebsstoffe
SEC	–	Securities Exchange Commission
SFAC	–	Statement of Financial Accounting Concepts (US)
SFAS	–	Statement of Financial Accounting Standards (US)
SOP	–	Statement of Principles (IAS)
TU	–	Tochterunternehmen
UE	–	Umsatzerlöse
US-GAAP	–	United States - Generally Accepted Accounting Principles
WR	–	Wahlrecht

Abbildungsverzeichnis

A. Einführung

„Information is central to the operation of effective capital markets. Financial reporting has the unique role of reducing the risks and uncertainties that investors and creditors must deal with by providing relevant and reliable information about transactions and events. ... Uninformed markets misallocate and misprice capital – to the detriment of almost everyone."
(American Institute of Certified Public Accountants, 1993)

Mit Blick auf die Informationsbedürfnisse der internationalen Kapitalmärkte wenden die großen deutschen Aktiengesellschaften in wachsendem Ausmaß in ihren Konzernabschlüssen International Accounting Standards an (z.B. Deutsche Bank AG, Bayer AG). Andere Unternehmungen, wie die Daimler Benz AG und die Deutsche Telekom AG, bilanzieren nach den US-amerikanischen Rechnungslegungsvorschriften, den Generally Accepted Accounting Principles (US-GAAP), um sich den Zugang zum US-Kapitalmarkt zu eröffnen.

IAS und US-GAAP zeichnen sich im Unterschied zum HGB durch ihre strikte Kapitalmarktorientierung aus: Aufgabe der Rechnungslegung ist es danach in erster Linie, den Informationsbedarf des Kapitalmarktes zu befriedigen (*kapitalmarktorientierte Rechnungslegung*). Da diese Rechnungslegungsfunktion in beiden Systemen identisch ist, verwundert es nicht, daß die Bilanzierungs- und Bewertungsunterschiede zwischen IAS und US-GAAP eher gering sind (vgl. Anhang B) und im Laufe des weiteren Normenentwicklungsprozesses der IAS voraussichtlich noch weiter abnehmen werden.

Um deutschen Unternehmungen eine doppelte Rechnungslegung zu ersparen, wird von Seiten des Bundesjustizministeriums an einem „*Kapitalaufnahmeerleichterungsgesetz*" gearbeitet, das deutsche Unternehmungen von der Konzernrechnungslegung nach HGB befreien soll, wenn diese Unternehmungen einen ausländischen Kapitalmarkt in Anspruch nehmen und aus diesem Grund verpflichtet sind, einen IAS- oder US-GAAP-Konzernabschluß aufzustellen.

Welches der beiden Rechnungslegungssysteme, IAS oder US-GAAP, sich im deutschen Bilanzierungsraum für große börsennotierte Gesellschaften durchsetzen wird, ist zur Zeit noch offen. Für die International Accounting Standards spricht *erstens* ihre (im Vergleich zu US-GAAP) deutlich geringere Regelungsdichte. Dies ermöglicht deutschen Unternehmungen einen einfacheren und damit schnelleren Übergang auf das andere Normensystem. In vielen Fällen werden dabei sogenannte „duale" IAS-Abschlüsse erstellt, die den Anforderungen des HGB und (unter Berücksichtigung von betragsmäßig unwesentlichen Abweichungen) gleichzeitig den International Accounting Standards genügen.

Zweitens muß bedacht werden, daß die International Accounting Standards von deutscher Seite mitgestaltet werden können: Deutsche Vertreter sind im Board und in den Ausschüssen des IASC (International Accounting Standards Committee) vertreten (vgl. hierzu das nachfolgende Kap. B). Anders gestaltet sich dies für die US-amerikanischen Rechnungslegung: Die US-GAAP werden in erster Linie von dem US-Rechnungslegungsrat FASB (Financial Accounting Standards Board) entwickelt, auf den deutsche Gremien keinen Einfluß ausüben können.

Drittens hat die US-amerikanische Börsenaufsicht SEC (Securities Exchange Commission) angekündigt, sie werde nach dem vorläufigen Abschluß des IAS-Projektes (geplant: März 1998) IAS-Abschlüsse ausländischer Unternehmungen am US-Kapitalmarkt als den US-GAAP-Abschlüssen gleichwertig anerkennen. Der aus deutscher Sicht maßgebliche Anlaß für eine Bilanzierung nach US-GAAP, nämlich die Weigerung der SEC, andere als nach US-GAAP erstellte Abschlüsse für den US-Kapitalmarkt anzuerkennen, wäre damit nicht mehr gegeben.

Aus den genannten Gründen erscheint es zweckmäßig, die International Accounting Standards statt der US-GAAP in den Mittelpunkt einer Arbeit zur internationalen Rechnungslegung zu rücken. Im Vordergrund der Ausführungen steht dabei der *Konzernabschluß*. Diesem kommt – anders als dem Einzelabschluß – ausschließlich eine Informationsfunktion zu. Er ist daher zum einen das primäre Objekt der (externen) Finanzanalyse.

Zum anderen ermöglicht er durch die erneute Ausübung von Wahlrechten auch im HGB-Rahmen eine stärker an IAS-Normen orientierte Rechnungslegung, ohne daß dies Auswirkungen auf die Ertragsteuern und das Ausschüttungspotential hätte. Letzteres ist insbesondere für duale Abschlüsse von Bedeutung.

Die vorliegende Arbeit beginnt zunächst mit der Frage, welchen Informationsgehalt die externe Rechnungslegung für Anleger und Analysten besitzt und welche Besonderheiten aus dieser Perspektive der Konzernabschluß nach International Accounting Standards aufweist (Kap. B).

In den darauffolgenden Kapiteln dominiert der unmittelbare Vergleich zwischen IAS und HGB: Zunächst wird in die Konzernrechnungslegung und die damit verbundenen Konsolidierungsmethoden eingeführt. Auf dieser Basis werden in den Kapiteln D und E die Bilanzierung und Bewertung der Aktiva und Passiva des Konzerns referiert. Kap. F beleuchtet das Problem der latenten Steuern. In Kap. G werden schließlich die Gewinn- und Verlustrechnung, die IAS-Kapitalflußrechnung und die Segmentberichterstattung erläutert. Die Ausführungen schließen in Kap. H mit einer zusammenfassenden tabellarischen Darstellung der wesentlichen Unterschiede zwischen HGB und IAS, die beim Übergang auf eine Konzernrechnungslegung nach IAS beachtet werden müssen.

Die Ausführungen werden im Anhang dieser Arbeit ergänzt durch Aufgaben und Lösungen sowie um eine tabellarische Darstellung der wesentlichen Unterschiede zwischen IAS und US-GAAP.

Der Seminarkonzeption folgend beschränkt sich die Arbeit in der Regel auf eine *Erläuterung von Übersichtsabbildungen*. Dort, wo Vorkenntnisse der Teilnehmer vorausgesetzt werden konnten oder die Abbildungen selbsterklärend sind, konnten die Erläuterungen entsprechend knapp gehalten werden. Verzichtet wurde auf eine Darstellung und Erläuterung der vielfältigen Offenlegungserfordernisse, denen im Anhang des IAS-Jahresabschlusses nachzukommen ist (vgl. hierzu die weiterführenden Literaturempfehlungen).

An dieser Stelle sei außerdem noch auf die *Kurzzitation der Textziffern der International Accounting Standards* hingewiesen: IAS 7.8 bezeichnet bspw. die Textziffer 8 des Standards 7. Das die Bilanzierungsgrundsätze darstellende IAS-Framework wird als IAS-F zitiert; IAS-Entwürfe (Exposure Drafts) werden als IAS-E bezeichnet.

In der vorliegenden Arbeit wurden die Aktualisierungen der International Accounting Standards bis zum Oktober 1996 berücksichtigt.

B. Kapitalmarktorientierte Rechnungslegung im Konzern

I. Kapitalmarktorientierte Rechnungslegung als Informationsbasis finanzwirtschaftlicher Analyse

Die Anwendung der International Accounting Standards in deutschen Konzernabschlüssen wird vor allem damit begründet, daß

a) ausländischen Anlegern und Analysten die Finanzanalyse deutscher Konzernunternehmungen erleichtert werden soll und
b) allen Kapitalmarktteilnehmern ein Einblick in die Vermögens-, Finanz- und Ertragslage verschafft werden soll, der in stärkerem Maße als bei einem HGB-Abschluß dem Grundsatz des „True and Fair View" genügt.

Vor diesem Hintergrund ist zunächst der grundlegenden Frage nachzugehen, welchen Informationsgehalt und damit welche Entscheidungsrelevanz die Rechnungslegung für Anleger und Analysten aufweist. Ob und inwieweit Jahresabschlüsse für die Finanzanalyse tatsächlich von Bedeutung sind, hängt vor allem davon ab, ob und inwieweit sie dazu geeignet sind, die künftige Ertragskraft und das Risiko von Unternehmungen zu beurteilen.

Zwei Einwände sind in diesem Zusammenhang von Bedeutung:

1. Aus theoretischer Sicht kann im Fall (mittel-streng oder vollkommen) informationseffizienter Märkte aus der Analyse von Jahresabschlüssen keinerlei Vorteil gezogen werden. Dem Konzept der Informationseffizienz zufolge reflektieren die Preise an den Finanzmärkten jederzeit alle öffentlich verfügbaren Informationen. Einzelnen Investoren ist es daher nicht möglich, mit Hilfe von (Jahresabschluß-) Informationen, die allen anderen Kapitalmarktakteuren ebenfalls zugänglich sind, Kursprognosen zu erstellen, die systematische Gewinne erwarten lassen. Da der Markt unter diesen Annahmen durch aktive

Anlagestrategien nicht „zu schlagen" ist, sollten die Investoren diesem Konzept zufolge auf Prognosen verzichten und ausschließlich passive Anlagestrategien verfolgen: Sie sollten Portefeuilles bilden, indem sie ihre Mittel gemäß den Marktwerten anteilig auf alle zur Verfügung stehenden Anlagealternativen verteilen.

Empirische Untersuchungen deuten allerdings stark darauf hin, daß Informationseffizienz (zumindest in ihrer vollkommenen Form) in der Realität der Kapitalmärkte nicht gegeben ist. Jahresabschlußinformationen werden von den Kapitalmarktteilnehmern als wichtige Entscheidungsdeterminanten für aktive Anlagestrategien herangezogen.

2. Rechnungslegungsdaten sind in erster Linie vergangenheitsbezogene Daten. Aussagen über die zukünftige Unternehmensentwicklung abzuleiten, ist daher mit ihrer Hilfe nur begrenzt möglich. Aus Jahresabschlußdaten abgeleitete Prognosen basieren auf der (nicht unbedingt zutreffenden) Annahme, daß sich ein in der Vergangenheit festgestellter Trend auch in der Zukunft fortsetzen wird. Es wird daher häufig empfohlen, bei der Finanzanalyse weitgehend auf die Jahresabschlußanalyse zu verzichten und in stärkerem Maße auf die marktstrukturbezogene „strategische Positionierung" eines Unternehmens abzustellen, um künftige Gewinnchancen und Marktrisiken des Unternehmens zu identifizieren.

   Dem muß allerdings entgegengehalten werden, daß Jahresabschlußdaten

   a) gerade wegen ihres Vergangenheitsbezugs in hohem Maße rechnerisch zuverlässig sind und
   b) auch für Gewinnextrapolationen erfolgversprechend eingesetzt werden können, wenn die strategische Positionierung einer Unternehmung mitbedacht wird.

   Schließlich ist darauf hinzuweisen, daß

   c) die Selbstbindung an bestimmte bilanzielle Kennzahlen zur Ertrags- und Liquiditätslage dazu dient, den Marktteilnehmern

Ertragskraft und finanzwirtschaftliche Stabilität zu „signalisieren“ (Signalling-Funktion der Rechnungslegung).

Zusammenfassend läßt sich festhalten, daß die Analyse von Rechnungslegungsdaten im allgemeinen nur dann erfolgreich sein kann, wenn (vgl. Abb. 1) die Hypothese mittel-strenger oder vollkommener Informationseffizienz des Kapitalmarktes verworfen werden kann und den Jahresabschlußdaten damit eine Prognosefunktion zukommt.

Nimmt man an, daß der Rechnungslegung die Eignung zur Einschätzung der künftigen Ertragskraft und des Risikos von Unternehmungen zugesprochen werden kann, so verbleibt aus finanzanalytischer Sicht dennoch ein weiteres Problem, das die *deutsche* Rechnungslegung mit anderen kontinentaleuropäischen Rechnungslegungssystemen gemein hat (vgl. Abb. 2): Der deutsche Jahresabschluß (Einzelabschluß) dient unterschiedlichen, sich zum Teil widersprechenden Zwecken (Information, Ausschüttungs- und Steuerbemessung). Um den unterschiedlichen Zwecken gerecht zu werden, begründet das deutsche Bilanzrecht

a) umfangreiche gesetzliche Wahlrechte,
b) eine Verbindung von handelsrechtlicher und steuerrechtlicher Rechnungslegung durch das Maßgeblichkeitsprinzip und
c) eine am Substanzerhaltungsgedanken orientierte vorsichtige Ausschüttungsbemessung (Vorsichtsprinzip).

Die sich dadurch ergebenden Verzerrungen der Informationskraft können bei der Analyse deutscher Jahresabschlüsse sowohl den Zeit- als auch den Unternehmensvergleich erheblich erschweren. Dies gilt insbesondere für den Einzelabschluß. Grundsätzlich schlagen sich die aus den unterschiedlichen Zwecken des Einzelabschlusses resultierenden Rechnungslegungsprinzipien aber auch im Konzernabschluß nieder. Ein Großteil der Verzerrungen der Informationsfunktion kann im Konzernabschluß, dem originär ausschließlich eine Informationsfunktion zukommt, allerdings dadurch behoben werden, daß die zulässigen Bewertungswahlrechte neu ausgeübt werden können.

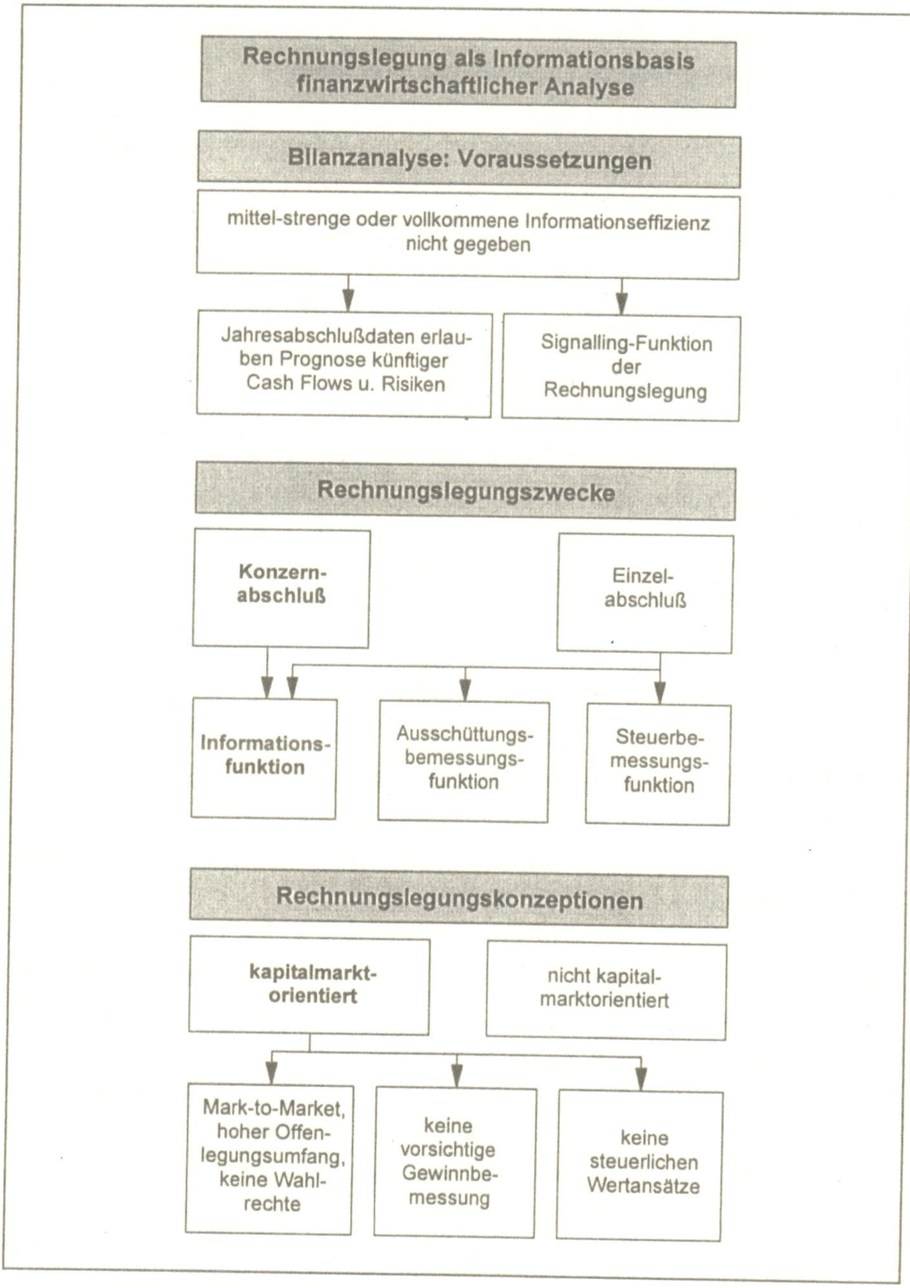

Abb. 1: Rechnungslegung als Informationsbasis finanzwirtschaftlicher Analysen

Mit der Anwendung der International Accounting Standards in deutschen Konzernabschlüssen wird die Informationskraft des Jahresabschlusses erheblich gestärkt. Ebenso wie die US-amerikanischen Rechnungslegungsvorschriften (US-GAAP) zeichnen sich die International Accounting Standards dadurch aus, daß sie der Rechnungslegung vor allem die Funktion beimessen, den Informationsbedarf des Kapitalmarktes zu befriedigen.

Dies wird erreicht durch

a) den Anspruch, Wahlrechte weitgehend zu reduzieren,
b) den Verzicht auf eine Verknüpfung mit der steuerlichen Gewinnermittlung (Maßgeblichkeitsprinzip),
c) den Verzicht auf das Prinzip vorsichtiger Ausschüttungsbemessung,
d) die Stärkung der Informationsfunktion des Jahresabschlusses durch eine stärker an Marktpreisen orientierte Bewertung (Mark-to-Market) sowie durch hohe Offenlegungsanforderungen.

	Kontinentaleuropäische Rechnungslegung	Anglo-amerikanische Rechnungslegung
Rahmenbedingungen		
Finanzmarktorganisation	Bankenfinanzierung dominiert	Kapitalmarktfinanzierung dominiert
Kultur	etatistisch	individualistisch
Rechtssystem	detaillierte Gesetzesvorschriften dominieren (Code Law) Gesetzgebung zum Bilanzrecht	fallspezifisches Richterrecht dominiert (Common Law) Bilanzrecht wird von Berufsverbänden entwickelt
Steuersystem	Handels- und Steuerrecht eng verbunden	Trennung von Handels- und Steuerrecht
Rechnungslegungsfunktionen		
Informationsfunktion		
• Dominante Adressaten	Gläubiger, Fiskus, Investoren	Investoren
• Grundsätze	Vorsichtsprinzip und Maßgeblichkeitsprinzip schränken Informationsfunktion ein	True and fair view (decision usefulness)
• Offenlegung	tendenziell niedrigerer Offenlegungsumfang	tendenziell höherer Offenlegungsumfang
• Bilanzpolitik	zahlreiche Bilanzierungs- und Bewertungswahlrechte	weitgehender Verzicht auf Wahlrechte
Ausschüttungsbemessung	vorsichtige Ausschüttungsbemessung: • Vorsichtsprinzip • Ausschüttungssperren • tendenziell höhere stille Reserven	Ausschüttungsbemessung ist Ausfluß der Informationsfunktion: • True and fair view • keine Ausschüttungssperren • tendenziell geringe stille Reserven
Steuerbemessung	Maßgeblichkeitsprinzip	Trennung von Handels- und Steuerbilanz
Länder		
Zum Bilanzierungsraum gehörende Länder (Auswahl)	Belgien, **Deutschland** Frankreich, Italien, Japan Portugal, Schweiz	Australien, Großbritannien Irland, Kanada, Neuseeland Singapur, **USA**

Abb. 2: Kontinentaleuropäische und anglo-amerikanische Rechnungslegung im Vergleich
Quelle: Glaum/Mandler (1996), S. 28.

II. Rechnungslegung nach International Accounting Standards (IAS)

Die IAS werden vom International Accounting Standards Committee (IASC) erarbeitet. Das IASC wurde 1973 von Berufsorganisationen aus 10 Ländern gegründet. Anfang des Jahres 1996 gehörten dem IASC bereits 116 Berufsorganisationen aus 85 Ländern an. Zu den Berufsorganisationen zählen nicht nur Wirtschaftsprüferverbände, sondern auch Organisationen, in denen Jahresabschlußersteller und Finanzanalysten vertreten sind.

Die nationalen Mitgliedsorganisationen des IASC sind gleichzeitig auch Mitglieder der *International Federation of Accountants* (IFAC), die für internationale Fragen aus dem Bereich der Wirtschaftsprüfung zuständig ist. Von deutscher Seite ist das Institut der Wirtschaftsprüfer (IDW) und die Wirtschaftsprüferkammer sowohl im IASC als auch in der IFAC vertreten.

Maßgebliche Organe des IASC sind:

- der Board als Entscheidungsorgan,
- der in London ansässige Technical Staff sowie
- eine Consultative Group, die beratende Funktionen hat und sich aus Vertretern von internationalen Organisationen und Fachverbänden zusammensetzt.

Die IAS sind für die Unternehmungen in den verschiedenen Ländern im allgemeinen rechtlich nicht verbindlich; ihnen kommt bislang lediglich Empfehlungscharakter zu. Die nationalen Mitgliedsorganisationen des IASC haben sich jedoch verpflichtet, die Durchsetzung der IAS in ihren Heimatländern zu fördern.

Als Rahmenkonzept für die Gestaltung und Anwendung der IAS gilt das 1989 vom IASC verabschiedete „*Framework*“ for the Preparation and Presentation of Financial Statements. In diesem werden die maßgeblichen Aufgaben, Bestandteile und Elemente des IAS-Jahresabschlusses beschrieben. Abb. 3 zeigt diese in einem Überblick auf.

Der IAS-Jahresabschluß (Einzel- und Konzernabschluß) umfaßt in Anlehnung an anglo-amerikanische Erfordernisse neben der Bilanz, der Gewinn- und Verlustrechnung sowie den erläuternden Notes (Anhang) auch eine Kapitalflußrechnung. Auf letztere wird im weiteren noch detaillierter eingegangen (vgl. Kap. G.II.).

Als maßgebliche Zielsetzung des IAS-Jahresabschlusses gilt der Informationszweck:

> „The objective of financial statements is to provide information about the financial position, performance and changes in financial position of an enterprise that is useful to a wide range of users in making economic decisions." (IAS-F.12)

Der Ausrichtung an der Informationsfunktion folgend sind die IAS-Bilanzierungsgrundsätze darauf ausgerichtet, die Vermögens-, Finanz- und Ertragslage eines Unternehmens im Sinne des True and Fair View (Fair Presentation) darzustellen. Das Vorsichtsprinzip (Prudence) ist dabei von nachrangiger Bedeutung und dient vor allem als Entscheidungsregel bei Vorliegen von Bewertungsunsicherheiten: Bei unsicheren Wertansätzen ist stets jener mit der höheren Eintrittswahrscheinlichkeit heranzuziehen. Erklärtermaßen darf ein solcherart ausgestaltetes Prudence Principle nicht der Bildung stiller Reserven dienen (IAS-F.37).

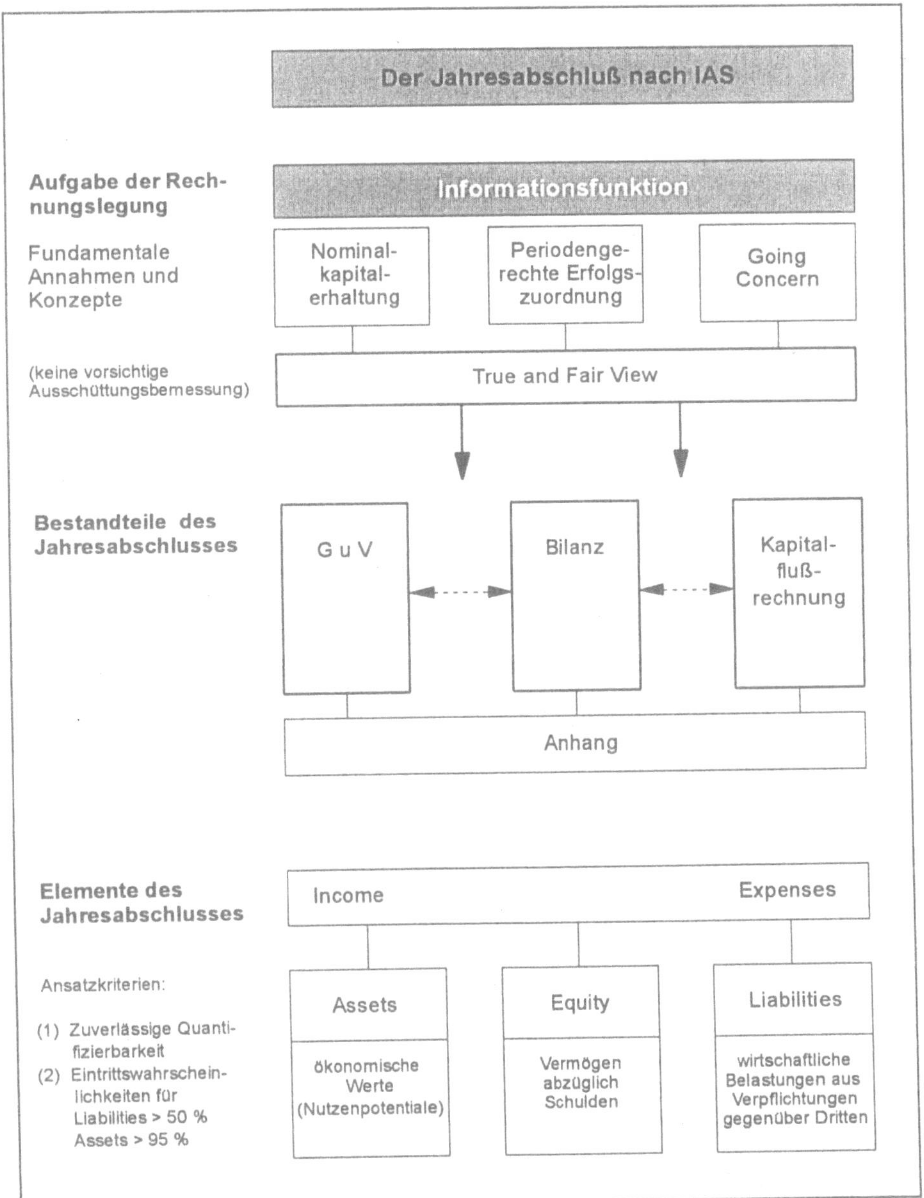

Abb. 3: Der Jahresabschluß nach IAS

Neben dem Framework hat das IASC bislang 32 Standards verabschiedet, von denen gegenwärtig 30 in Kraft sind. Abb. 4 zeigt die derzeit gültigen IAS (Stand: Oktober 1996) und gibt damit einen Überblick über die Bilanzierungsbereiche, für die verbindliche Statements vorliegen. Das IASC hat darüber hinaus eine ausführliche Projektplanung vorgelegt, nach der im Laufe der nächsten zwei Jahre die IAS-Rechnungslegung so weit überarbeitet und vervollständigt werden soll, daß sie als ein umfassendes Rechnungslegungssystem angesehen werden kann.

Entsprechend wird zur Zeit eine Vielzahl von Statements einer Überarbeitung unterzogen. Darüber hinaus befaßt sich das IASC auch mit neuen Themenbereichen, wie der Bilanzierung von immateriellen Vermögensgegenständen (Intangible Assets) oder dem Ausweis der Kennziffer „Gewinn pro Aktie“ (Earnings per Share). Über den derzeitigen Stand der IASC-Arbeitsprojekte informiert nachfolgende Abb. 5.

Nach erfolgreichem Abschluß des IAS-Projektes, geplant zum März 1998, wird die IAS-Rechnungslegung ein alle wesentlichen Bilanzierungsbereiche umfassendes Rechnungslegungssystem darstellen. Der angekündigten Anerkennung durch die International Organization of Securities Commissions (IOSCO) stünde dann nichts mehr im Wege. Der Weg wäre damit frei für eine Anerkennung deutscher IAS-Abschlüsse durch die US-Börsenaufsicht SEC und damit für einen uneingeschränkten Zugang deutscher Unternehmen zum US-Kapitalmarkt.

IAS Nr.	TITEL	In Kraft seit ...	Neufassung gültig seit ...
IAS 1	Disclosure of Accounting Policies	01.01.1975	
IAS 2	Inventories	01.01.1976	01.01.1995
IAS 4	Depreciation Accounting	01.01.1977	*)
IAS 5	Information to be Disclosed in Financial Statements	01.01.1977	***)
IAS 7	Cash Flow Statements	01.01.1979	01.01.1994
IAS 8	Net Profit or Loss for the Period, Fundamental Errors and Changes in Accounting Policies	01.01.1979	01.01.1995
IAS 9	Research and Development Costs	01.01.1980	01.01.1995***)
IAS 10	Contingencies and Events Occurring after the Balance Sheet Date	01.01.1980	***)
IAS 11	Construction Contracts	01.01.1980	01.01.1995
IAS 12	(Accounting for) Taxes on Income	01.01.1981	01.01.1998
IAS 13	Presentation of Current Assets and Current Liabilities	01.01.1981	
IAS 14	Reporting Financial Information by Segment	01.01.1983	***)
IAS 15	Information Reflecting the Effects of Changing Prices	01.01.1983	**)
IAS 16	Property, Plant and Equipment	01.01.1983	01.01.1995
IAS 17	Accounting for Leases	01.01.1984	***)
IAS 18	Revenue	01.01.1984	01.01.1995
IAS 19	Retirement Benefit Costs	01.01.1985	01.01.1995***)
IAS 20	Accounting for Government Grants and Disclosure of Government Assistance	01.01.1984	
IAS 21	The Effects of Changes in Foreign Exchange Rates	01.01.1985	01.01.1995

Abb. 4: International Accounting Standards (Fortsetzung)

Fortsetzung Abb. 4:

IAS Nr.	TITEL	In Kraft seit ...	Neufassung gültig seit ...
IAS 22	Business Combinations	01.01.1985	01.01.1995***)
IAS 23	Borrowing Costs	01.01.1986	01.01.1995
IAS 24	Related Party Disclosures	01.01.1986	
IAS 25	Accounting for Investments	01.01.1987	***)
IAS 26	Accounting and Reporting by Retirement Benefit Plans	01.01.1988	***)
IAS 27	Consolidated Financial Statements and Accounting for Investments in Subsidiaries	01.01.1990	
IAS 28	Accounting for Investments in Associates	01.01.1990	
IAS 29	Financial Reporting in Hyperinflationary Economies	01.01.1990	
IAS 30	Disclosures in the Financial Statements of Banks and Similar Financial Institutions	01.01.1991	
IAS 31	Financial Reporting of Interests in Joint Ventures	01.01.1992	
IAS 32	Presentation and Disclosure of Financial Instruments	01.01.1996	

Legende zu Abb. 4:

IAS 3 (Consolidated Financial Statements) und IAS 6 (Accounting Treatment of Changing Prices) sind mittlerweile aufgehoben bzw. durch andere Standards ersetzt worden.

*) IAS 4 ist durch die Neufassung des IAS 16 für den Bereich „Sachanlagen" ab 01.01.1995 außer Kraft gesetzt.

**) IAS 15 wurde wegen mangelnder internationaler Akzeptanz als nicht verbindlich deklariert.

***) Das Statement wird zur Zeit überarbeitet (vgl. Abb. 5).

aktueller Projekt-status	TITEL	bezieht sich auf aktuelle IAS Nr. ...	geplante Verabschie-dung als IAS im...
IAS-E 51	Reporting Financial Information by Segment	14	Jan. 1997
IAS-E 52	Earnings per Share	neu	Jan. 1997
IAS-E 53	Presentation of Financial Statements	1, 5, 13	Juli 1997
IAS-E 50	Intangible Assets (R&D, Goodwill Revision)	neu (9, 22)	Okt. 1997
IAS-E 54	Retirement Benefit Costs	19, 26	Okt. 1997
DP	Leases	17	Okt. 1997
Dis	Impairment Revision	4, 16	Okt. 1997
DSOP	Discontinued Operations	8	März 1998
DSOP	Interim Financial Reporting	neu	März 1998
DSOP	Provisions and Contingencies	10	März 1998
Dis	Financial Instruments & Investments Revision	25	März 1998
PO	Agriculture (kein „Core-Standard")	neu	offen

Legende zu Abb. 5:

IAS-E	Exposure Draft (IAS-Entwurfsfassung, vom Board zu verabschieden)
SOP	Statement of Principles (vorläufige Entwurfsfassung zur ersten Vorlage beim Board)
DSOP	Draft Statement of Principles (Entwurf SOP)
PO	Point Outline (Problemskizze des Projektes durch Arbeitsgruppe)
DP	Discussion Paper (1. Arbeitspapier)
Dis	Discussion (Diskussion in Arbeitsgruppe)

Abb. 5: Arbeitsprojekte des IASC (Stand: Oktober 1996)

C. Konzernrechnungslegung: HGB versus IAS

I. Vom Einzelabschluß zum Konzernabschluß

Der Einzelabschluß ist der Jahresabschluß eines Unternehmens als rechtlich selbständige Einheit. Der Konzernabschluß bildet dagegen den Jahresabschluß der wirtschaftlich-organisatorischen Einheit „Konzern". Der Konzern repräsentiert dabei einen Verbund rechtlich selbständiger Unternehmen, der sich unter der wirtschaftlichen Leitung eines Mutterunternehmens befindet. Die wirtschaftliche Leitung basiert in der Regel auf einer Kapitalbeteiligung an den Tochtergesellschaften.

Zum Konzern (im Sinne der Konzernrechnungslegung) zählen neben dem Mutterunternehmen sämtliche Tochterunternehmen, ohne Rücksicht auf ihren Sitz (Weltabschlußprinzip; § 294 I HGB; IAS 27.11). Sie zusammen bilden den *Konsolidierungskreis* des Konzernabschlusses.

Ausgehend von dem Grundgedanken der wirtschaftlichen Einheit des Konzerns (*Einheitstheorie*) ist die Vermögens-, Finanz- und Ertragslage im Konzernabschluß so darzustellen, als wären die in den Abschluß einbezogenen Unternehmen „insgesamt ein einziges Unternehmen" (§ 297 III 1 HGB), d.h. eine rechtliche Einheit. IAS 27.9 fordert entsprechend:

> „...financial statements, which present financial information about the group as that of a single enterprise...".

Der Konzernabschluß wird – unabhängig von dem jeweiligen Rechnungslegungssystem – in mehreren Schritten aus den Einzelabschlüssen der Muttergesellschaft und jenen der Tochtergesellschaften entwickelt (vgl. Abb. 6):

1. Zunächst sind alle Einzelabschlüsse der Konzerngesellschaften (Handelsbilanzen I; kurz: HB I) hinsichtlich ihrer Stichtage, ihres Ausweises, ihres Ansatzes und ihrer Bewertung im Rahmen der gesetz-

lich zulässigen Wahlrechte zu vereinheitlichen (vgl. Kap. C.III.). Die nach fremdem Bilanzrecht und in fremder Währung erstellten Abschlüsse von Auslandsgesellschaften sind dabei auf das deutsche Recht und die Konzernberichtswährung (DM) umzustellen. Die vereinheitlichten Einzelabschlüsse werden als HB II bezeichnet.

2. Alle Bilanz- und GuV-Posten der Konzerngesellschaften werden in einem Summenabschluß aufaddiert.

3. Aus dem Summenabschluß eliminiert werden Doppelerfassungen, die aus Kapital- und Leistungsverflechtungen zwischen den Konzernunternehmen resultieren. Dies betrifft Beteiligungen an Tochtergesellschaften (Kapitalkonsolidierung), konzerninterne Forderungen und Verbindlichkeiten (Schuldenkonsolidierung) sowie konzerninterne Aufwendungen, Erträge (Aufwands- und Ertragskonsolidierung) und Erfolge (Zwischenergebniseliminierung). Zur Konsolidierung vgl. im einzelnen Kap. C.IV.

Das Ergebnis dieser Konsolidierungsschritte ist der Konzernabschluß. Bevor die Konsolidierungstechniken im einzelnen dargestellt werden, ist zunächst zu fragen, in welchen Fällen ein Konzernabschluß aufgestellt werden muß (*Konsolidierungspflicht*) und welche Gesellschaften in den Konzernabschluß einzubeziehen sind (*Konsolidierungskreis*).

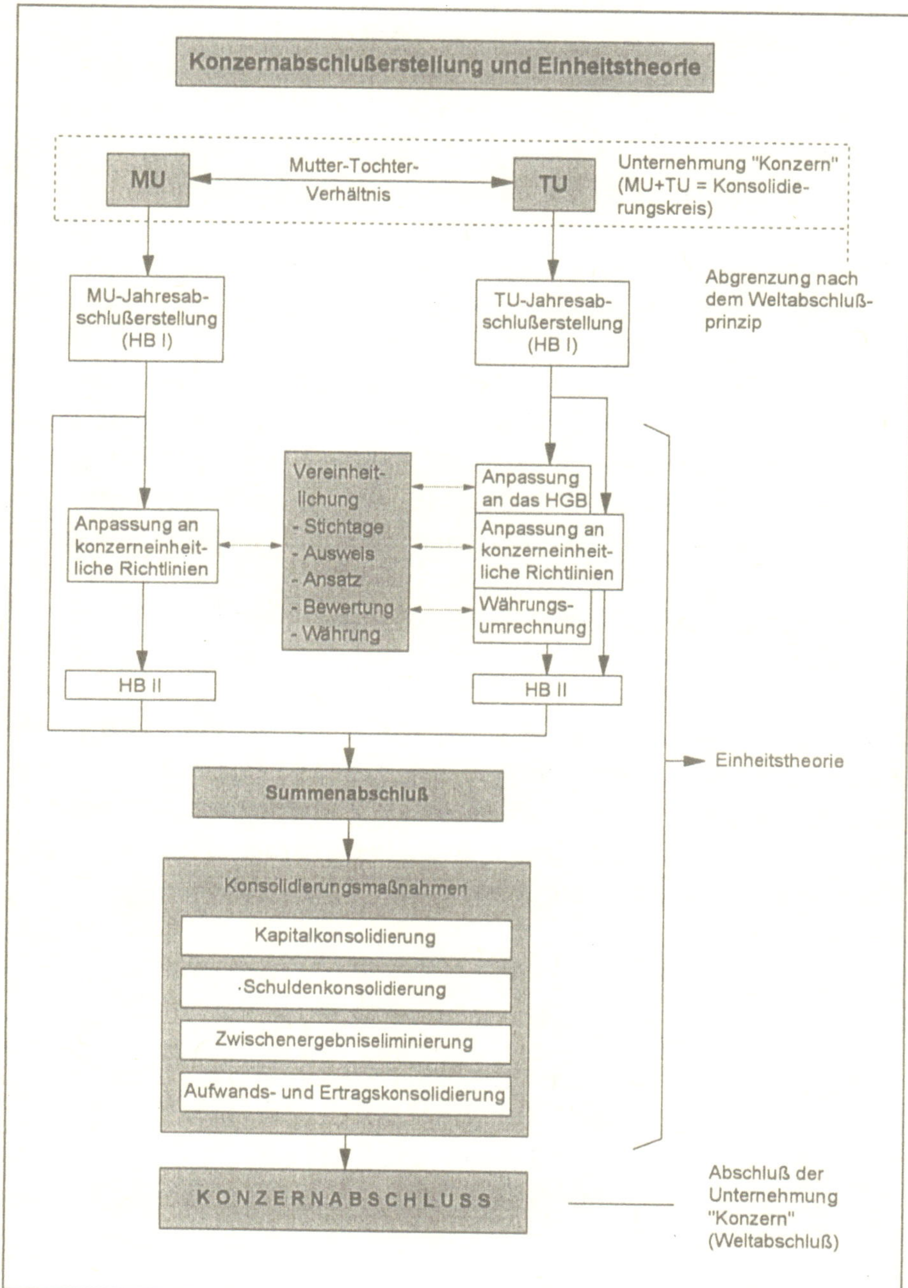

Abb. 6: Konzernabschlußerstellung und Einheitstheorie

II. Konsolidierungspflicht und Konsolidierungskreis

Sowohl das HGB als auch die IAS knüpfen die Pflicht zur Aufstellung eines Konzernabschlusses und die Einbeziehung von Konzerngesellschaften an das Bestehen eines „Mutter-Tochter-Verhältnisses", d.h. an die Möglichkeit, daß eine Muttergesellschaft einen *beherrschenden Einfluß* auf eine Tochtergesellschaft ausübt.

Nach *deutschem Recht* kann ein Mutter-Tochter-Verhältnis begründet sein

a) durch die *tatsächlich ausgeübte „einheitliche Leitung"* (§ 290 I HGB), von der insbesondere dann auszugehen ist, wenn die Konzernspitze die Geschäftspolitik der Konzerngesellschaften planmäßig koordiniert.
b) durch das Bestehen bestimmter, *rechtlich fixierter Beherrschungsmöglichkeiten*, sog *„Control-Rechte"* (§ 290 II HGB), wobei ohne Belang ist, ob das Mutterunternehmen diese Rechte auch tatsächlich ausübt.

Das Konzept der einheitlichen Leitung und das Control-Konzept sind unabhängig voneinander anzuwenden; jedes Konzept kann für sich zur Konzernrechnungslegungspflicht führen (vgl. Abb. 7). § 290 HGB gilt jedoch nur für Mutterunternehmen in der Rechtsform der Kapitalgesellschaft. Für Mutterunternehmen anderer Rechtsformen regelt § 11 PublG die Konzernrechnungslegungspflicht. Dabei wird ausschließlich auf das Kriterium der einheitlichen Leitung abgestellt.

Die *International Accounting Standards* definieren ein Mutter-Tochter-Verhältnis ausschließlich über das Control-Konzept (vgl. Abb. 8; IAS 27.1, 27.6, 27.11 ff.). Die das Control-Konzept nach IAS kennzeichnenden Rechte stimmen mit jenen des HGB weitgehend überein. Die IAS sehen allerdings – entgegen § 290 II HGB – ausdrücklich die Möglichkeit vor, selbst bei Stimmrechtsmehrheit einen beherrschenden Einfluß zu widerlegen.

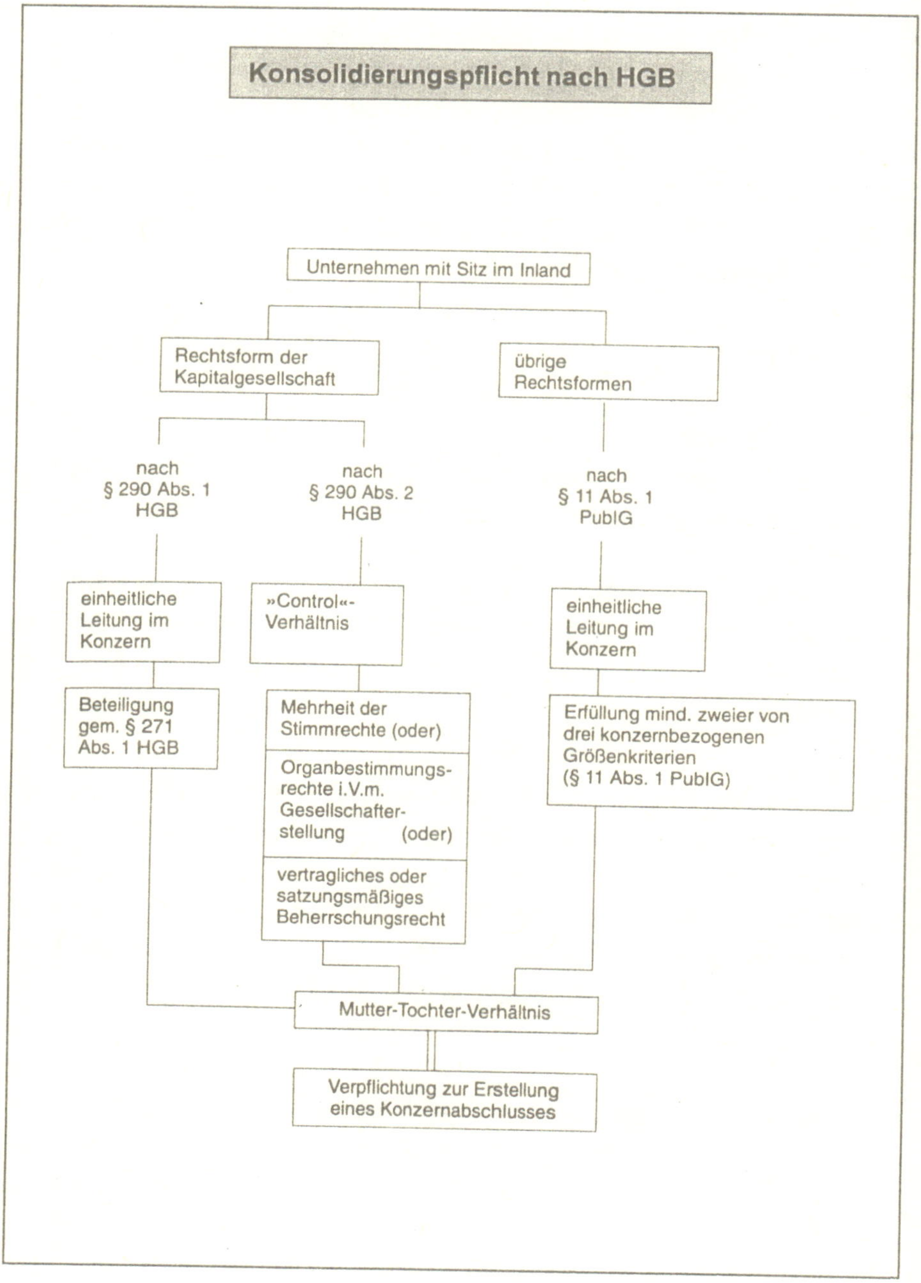

Abb. 7: Konsolidierungspflicht nach HGB
Quelle: Coenenberg (1994), S. 357.

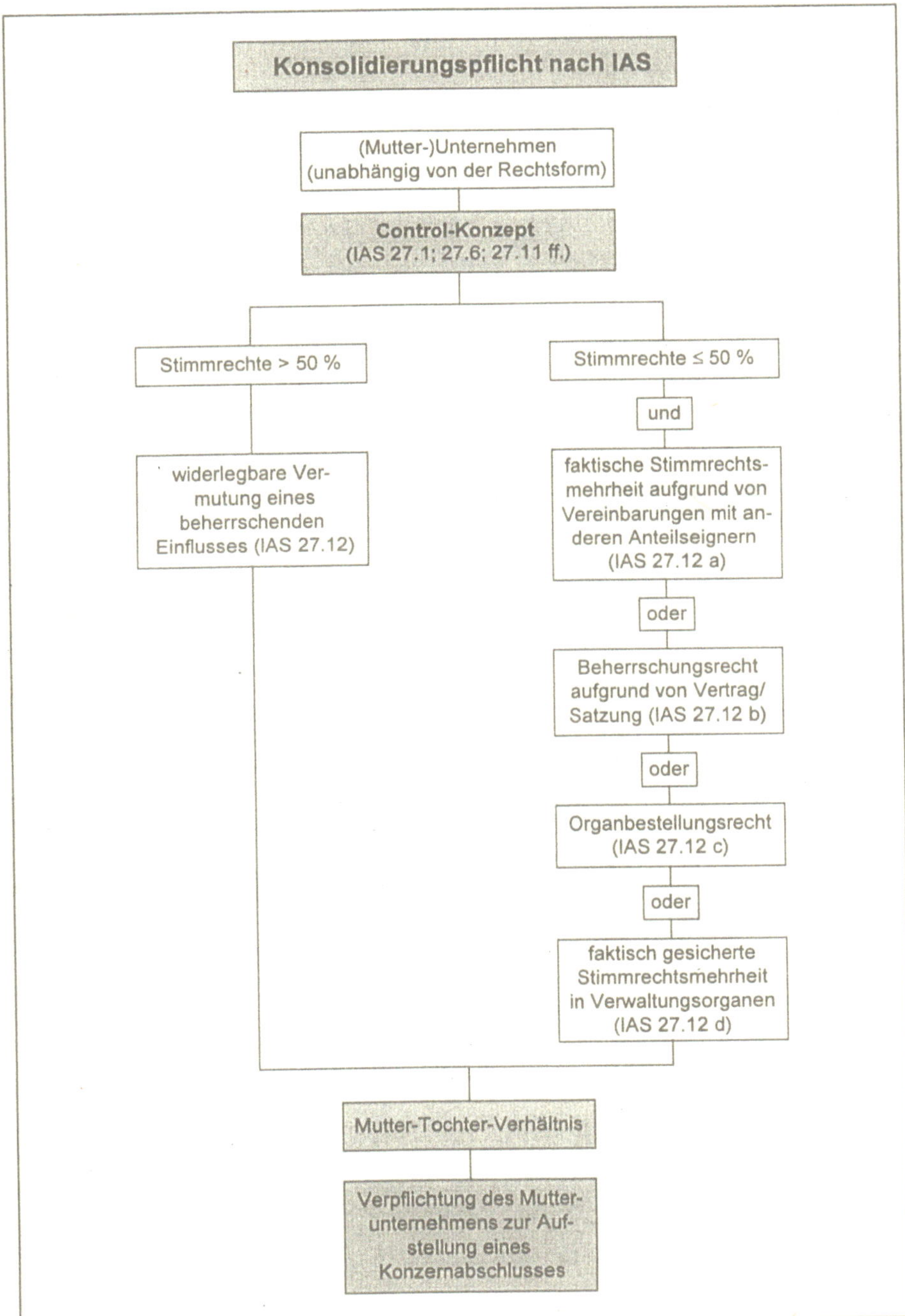

Abb. 8: Konsolidierungspflicht nach IAS

Die Existenz eines Mutter-Tochter-Verhältnisses zieht nach HGB und IAS die Pflicht des Mutterunternehmens zur Aufstellung eines Konzernabschlusses nach sich, es sei denn, es liegen Befreiungstatbestände vor. So braucht ein Mutterunternehmen, das selber als Tochterunternehmen in den Konzernabschluß eines Mutterunternehmens einbezogen wird, unter den Voraussetzungen der §§ 291 bis 293 HGB bzw. IAS 27.8 ff. keinen eigenen (Teil-)Konzernabschluß zu erstellen (vgl. Abb. 9).

Im Unterschied zum HGB, das den befreienden Konzernabschluß für alle mehrstufigen Mutter-Tochter-Verhältnisse vorsieht (§ 291 HGB), beschränken die IAS diesen Befreiungstatbestand allerdings auf Fälle des vollständigen bzw. annähernd vollständigen Anteilsbesitzes des übergeordneten Mutterunternehmens an dem zu befreienden, untergeordneten Mutterunternehmen (IAS 27.8, 27.10). Von der Konzernrechnungslegungspflicht befreit sein kann ein Mutterunternehmen entgegen IAS darüber hinaus nach § 293 HGB aufgrund der geringen Größe des Konzerns (vgl. Abb. 9).

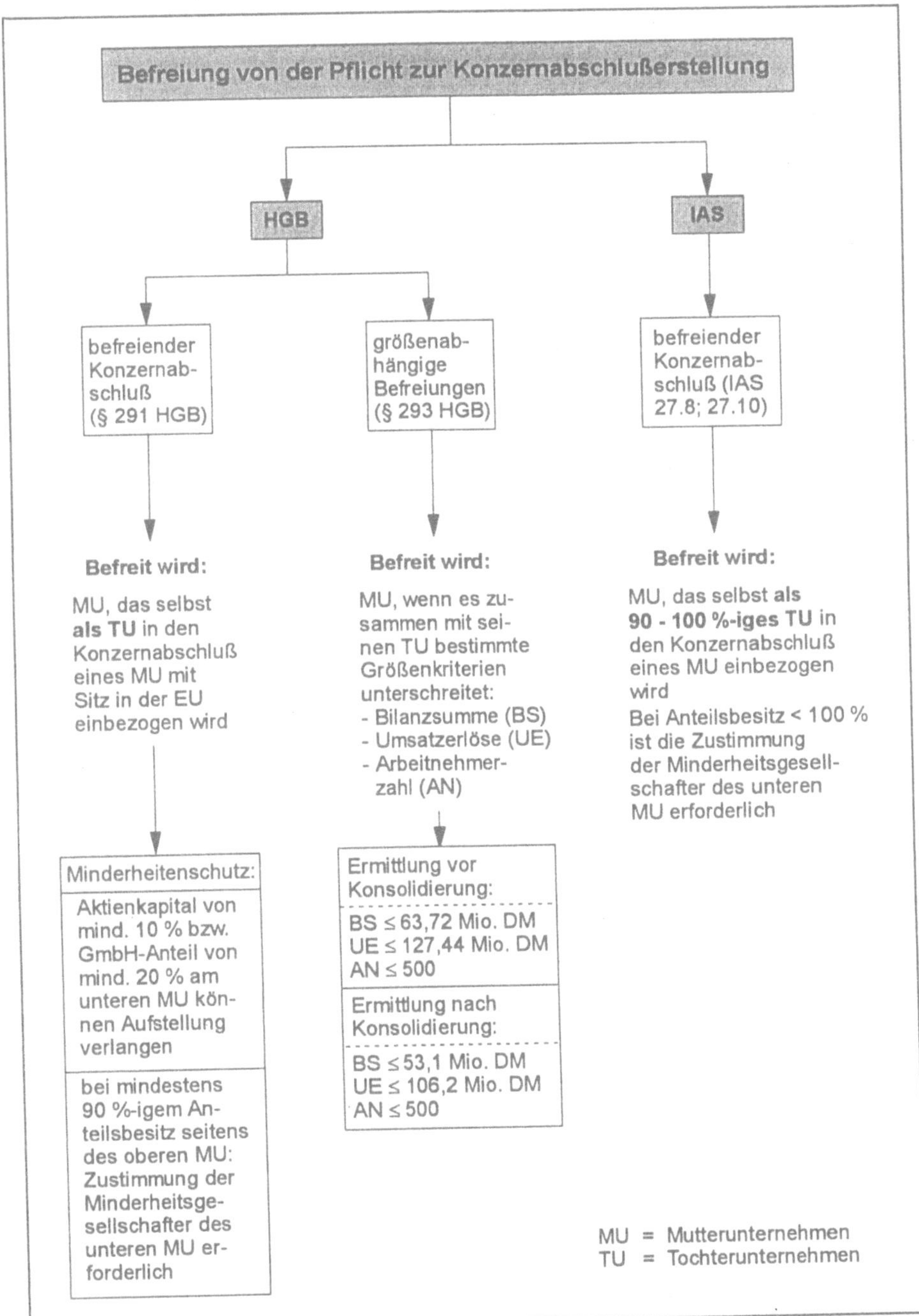

Abb. 9: Befreiung von der Pflicht zur Konzernabschlußerstellung

In den *Konsolidierungskreis* sind nach dem Weltabschlußprinzip neben dem Mutterunternehmen im allgemeinen sämtliche Tochterunternehmen unabhängig von ihrem Sitz einzubeziehen (§ 294 I HGB; IAS 27.11). Die Einbeziehung erfolgt im Wege der Vollkonsolidierung (§ 300 ff. HGB; IAS 22 u. 27), d.h. der vollständigen Einbeziehung aller Aktiva, Passiva, Erträge und Aufwendungen der Tochtergesellschaften in den Konzernabschluß.

Ausnahmen von der Einbeziehungspflicht zeigt Abbildung 10 im Überblick. Der Ausschluß von Tochterunternehmen aus dem Konsolidierungskreis wegen stark abweichender Geschäftstätigkeit, wie er nach § 295 I HGB vorgeschrieben ist, gilt gemäß IAS 27.14 als unzulässig. Auch nach deutschem Handelsrecht ist der genannte Ausschlußgrund allerdings sehr eng auszulegen und nur in wenigen Fällen anwendbar.

Für nicht in den Konzernabschluß einbezogene Tochterunternehmen ist nach handelsrechtlicher Konzernrechnungslegung zu prüfen, ob aufgrund eines maßgeblichen Einflusses des Mutterunternehmens die Equity-Methode (§ 311 HGB) anzuwenden ist. IAS 27.13 gebietet hingegen für Tochterunternehmen, die unter die Einbeziehungsverbote fallen, die bilanzielle Behandlung als Investment (IAS 25) und somit eine Bewertung nach dem Anschaffungskostenprinzip oder alternativ nach der Neubewertungsmethode (vgl. dazu Kap. D.II). Die Anwendung der Equity-Methode ist in diesem Fall unzulässig.

	HGB	IAS
von der Geschäftstätigkeit des Konzerns stark abweichende Geschäftstätigkeit des TU	Einbeziehungsverbot (§ 295 I u. II HGB)	Einbeziehungspflicht (IAS 27.11)
erhebliche und andauernde Beschränkung der Rechte des MU hinsichtlich Vermögen oder Geschäftsführung	Einbeziehungswahlrecht (§ 296 I Nr. 1 HGB)	Einbeziehungsverbot bei andauernder Beschränkung des Kapitaltransfers (IAS 27.13 b)
unverhältnismäßig hohe Kosten der Einbeziehung des TU	Einbeziehungswahlrecht (§ 296 I Nr. 2 HGB)	Ermessensspielraum: Grundsatz der Wirtschaftlichkeit (IAS-F.44)
unverhältnismäßig hohe Verzögerung der Konzernabschlußerstellung durch die Einbeziehung des TU	Einbeziehungswahlrecht (§ 296 I Nr. 2 HGB)	Einbeziehungspflicht (IAS 27.11)
Weiterveräußerungsabsicht	Einbeziehungswahlrecht (§ 296 I Nr. 3 HGB)	Einbeziehungsverbot (IAS 27.13 a)
untergeordnete Bedeutung des TU	Einbeziehungswahlrecht (§ 296 II HGB)	Ermessensspielraum: Wesentlichkeitsgrundsatz (IAS-F.29 f.)

MU = Mutterunternehmen
TU = Tochterunternehmen

Abb. 10: Einbeziehungswahlrechte, -verbote und -pflichten nach HGB und IAS

III. Konzerneinheitlichkeit und Währungsumrechnung

Bevor die Einzelabschlüsse der Konzerngesellschaften in den Summenabschluß des Konzerns eingehen, sind sie so zu vereinheitlichen, daß sie der Einheitstheorie der Konzernrechnungslegung genügen. Aus der HB I wird eine HB II (vgl. Abb. 6). Dies bedeutet, daß

a) die Einzelabschlüsse *ausländischer Tochtergesellschaften* an die für die Muttergesellschaft geltenden deutschen Bilanzierungsvorschriften hinsichtlich Ausweis, Ansatz und Bewertung angepaßt und in die Konzernberichtswährung (DM) umgerechnet werden müssen;
b) die Einzelabschlüsse *aller einbezogenen Konzernunternehmen* auf der Basis des Rechts der Muttergesellschaft zu vereinheitlichen sind, wobei die für die Muttergesellschaft zulässigen Ansatz- und Bewertungswahlrechte im Konzernabschluß neu ausgeübt werden dürfen.

Ansatz und Bewertung: Gemäß § 308 HGB sind die in den Konzernabschluß „übernommenen Vermögensgegenstände und Schulden ... nach den auf den Jahresabschluß des Mutterunternehmens anwendbaren Bewertungsmethoden *einheitlich zu bewerten*." Unterscheiden sich aber die Sachverhalte (z.B. unterschiedliche Nutzung gleicher Vermögensgegenstände), so ist, wie im Einzelabschluß, die Anwendung unterschiedlicher Bewertungsmethoden (z.B. lineare und degressive Abschreibung) zulässig und – soweit wirtschaftlich begründet – auch geboten. Die konzerneinheitliche Ausübung von *Ansatzwahlrechten* wird vom HGB nicht vorgeschrieben.

Auch nach den *International Accounting Standards* sind die in den Konzernabschluß einzubeziehenden Einzelabschlüsse zu vereinheitlichen, d.h. gleichartige Sachverhalte nach der gleichen Methode zu bewerten. IAS 27.21 gebietet darüber hinaus aber auch die konzerneinheitliche Ausübung von Ansatzwahlrechten.

Währungsumrechnung: Der Konzernabschluß ist in einer einheitlichen Währung aufzustellen. Sämtliche Einzelabschlüsse ausländischer Unternehmen, die nicht auf die einheitliche Konzernwährung lauten, sind daher vor Einbeziehung in den Konzernabschluß in die Konzernberichtswährung umzurechnen (vgl. Abb. 6). HGB-Konzernabschlüsse sind dabei zwingend in Deutsche Mark aufzustellen (§ 298 I iVm. § 244 HGB); für einen IAS-Konzernabschluß ist keine bestimmte Währung vorgeschrieben.

Das deutsche Recht schreibt keine bestimmte Methode der Währungsumrechnung vor. Die gewählte Methode muß jedoch GoB-konform sein und ist im Anhang anzugeben. (§ 313 I Nr. 2 HGB). Von Bedeutung in der deutschen Konzernrechnungslegungspraxis sind vor allem die folgenden Methoden:

- die Stichtagskursmethode,
- die Zeitbezugsmethode und
- die Methode der funktionalen Währungen.

Während nach der reinen *Stichtagskursmethode* sämtliche Posten der Bilanz und der Gewinn- und Verlustrechnung zum Wechselkurs des Abschlußstichtags umzurechnen sind, werden bei der modifizierten Form der Stichtagskursmethode die Aufwendungen und Erträge zum Jahresdurchschnittskurs und das Eigenkapital zum historischen Kurs umgerechnet (vgl. Abb. 11).

Bei der Zeitbezugsmethode kommen dagegen je nach Zeitbezug der Bilanzposten Stichtagskurse oder historische Kurse, d.h. zum jeweiligen Zugangszeitpunkt gültige Kurse zur Anwendung (vgl. im einzelnen Abb. 11). Die Posten der Gewinn- und Verlustrechnung werden ebenfalls differenziert bewertet, zumeist in Orientierung an den korrespondierenden Bilanzposten.

Währungsumrechnung			HGB	IAS
Methode	**Umrechnung**		**keine gesetzl. Regelung**	**IAS 21**
	Abschlußposten	**Kurs**		
Stichtagskurs-methode	alle Bilanz- und GuV-Posten	Stichtagskurs	zulässig	zulässig nur als Bestandteil der Methode der funktionalen Währungen
	Modifikationen: - Eigenkapital - Aufwendungen u. Erträge	- historischer Kurs - Periodendurchschnittskurs		
Zeitbezugs-methode	Nichtmonetäre Vermögensgegenstände, Eigenkapital	historische Kurse (ggf. Kurs zum Zeitpunkt einer Bewertungsänderung)	zulässig	zulässig nur als Bestandteil der Methode der funktionalen Währungen
	monetäre Vermögensgegenstände, Fremdkapital	Stichtagskurs		
	Abschreibungen, Materialaufwand, Bestandsveränderungen	korrespondierend mit den Bilanzposten		
	sonstige Aufwendungen und Erträge	Periodendurchschnittskurs		
Methode der funktionalen Währungen	bei selbständig agierenden Tochterunternehmen	Stichtagskursmethode	zulässig	vorgeschrieben (IAS 21.23)
	bei nicht-selbständig agierenden Tochterunternehmen	Zeitbezugsmethode		
Behandlung von Währungsumrechnungsdifferenzen			keine explizite Regelung	Stichtagskursmethode: erfolgsneutrale Erfassung (IAS 21.30) Zeitbezugsmethode: erfolgswirksame Erfassung (IAS 21.15)
Inflationsbereinigung			keine explizite Regelung	Jahresabschlüsse von TU aus Hochinflationsländern werden vor Umrechnung inflationsbereinigt (IAS 21.36)

Abb. 11: Währungsumrechnung: HGB versus IAS

Die Methode der *funktionalen Währungen* ist die nach IAS allein zulässige Methode (IAS 21.23 ff.). Sie zeichnet sich durch eine Kombination aus modifizierter Stichtagskursmethode und Zeitbezugsmethode aus. In Abhängigkeit von der Intensität der wirtschaftlich-organisatorischen Beziehungen zwischen Mutter- und einzelnen Tochterunternehmen kommt eine der beiden Methoden zur Anwendung: Während die Jahresabschlüsse von weitgehend selbständig agierenden Tochterunternehmen (*Foreign Entities*; IAS 21.7) nach der Stichtagskursmethode umgerechnet werden, ist bei Tochterunternehmen, die wirtschaftlich und organisatorisch eng mit dem Mutterunternehmen verbunden sind („*foreign operations* that are *integral...*"; IAS 21.27 ff.), die Zeitbezugsmethode anzuwenden.

Bei der Währungsumrechnung können *Währungsumrechnungsdifferenzen* auftreten. Diese entstehen zum einen dadurch, daß

a) Bilanzposten zu unterschiedlichen Wechselkursen (historischer Kurs, Stichtagskurs) umgerechnet werden (bilanzielle Währungsumrechnungsdifferenz), und daß
b) die Erträge und Aufwendungen der Gewinn- und Verlustrechnung nicht zu den Kursen des Transaktionszeitpunktes, sondern im allgemeinen zu Jahresdurchschnittskursen umgerechnet werden (GuV-bedingte Währungsumrechnungsdifferenz).

Bei der Stichtagskursmethode werden Währungsumrechnungsdifferenzen generell als „Translation Adjustment" *erfolgsneutral* im Eigenkapital erfaßt. Bei der Zeitbezugsmethode wird die gesamte Umrechnungsdifferenz *erfolgswirksam* in der Gewinn- und Verlustrechnung erfaßt (vgl. Abb. 11).

IV. Konsolidierungsmaßnahmen

Der Konzernabschluß ist so aufzustellen, als ob die Konzernunternehmen „insgesamt ein einziges Unternehmen wären" (§ 297 III 1 HGB; so auch IAS 27.9). Dazu sind die Einzelabschlüsse der konsolidierungspflichtigen Mutter- und Tochtergesellschaften in einem Summenabschluß zusammenzufassen und im Anschluß zu konsolidieren. Durch die Konsolidierung werden solche Vorgänge aus dem Konzernabschluß eliminiert, die auch im Abschluß eines rechtlich selbständigen Unternehmens keine rechnerische Abbildung fänden.

Folgende Konsolidierungsmaßnahmen sind zu unterscheiden:

- die Kapitalkonsolidierung,
- die Schuldenkonsolidierung,
- die Zwischenergebniseliminierung sowie
- die Aufwands- und Ertragskonsolidierung.

Die Abschlußposten der in den Konzernabschluß einbezogenen *Tochtergesellschaften* werden vollständig und in voller Höhe in den Summenabschluß eingebracht und anschließend konsolidiert (Vollkonsolidierung). Dagegen sind die Abschlußposten von *Gemeinschaftsunternehmen* nur gemäß der Beteiligungsquote in den Konzernabschluß einzubeziehen und entsprechend zu konsolidieren (Quotenkonsolidierung). Gemeinschaftsunternehmen (Joint Ventures) sind keine Tochtergesellschaften, sondern Gesellschaften, die zusammen mit einem konzernfremden Dritten *gemeinschaftlich* geleitet werden (vgl. im einzelnen Kap. C.IV.5.).

Bei der für sog. *assoziierte Unternehmen* vorgeschriebenen Equity-Methode wird sogar vollständig auf die Einbeziehung von Abschlußposten verzichtet. Es handelt sich hierbei um eine spezifische Form der Beteiligungsbewertung. Die Konsolidierungsmaßnahmen vollziehen sich daher im wesentlichen in Nebenrechnungen. Assoziierte Unternehmen sind Gesellschaften, auf die lediglich ein „maßgeblicher" (nicht ein „beherrschender") Einfluß ausgeübt werden kann (vgl. im einzelnen Kap. C.IV.6.).

1. Kapitalkonsolidierung

Aufgabe der Kapitalkonsolidierung ist es, die im Summenabschluß auftretenden Doppelerfassungen des Eigenkapitals von Tochtergesellschaften (in Form von Beteiligungen und ausgewiesenem Eigenkapital) zu eliminieren. Die Kapitalkonsolidierung und kapitalkonsolidierungsähnliche Verfahren mit ihren unterschiedlichen Anwendungsbereichen und -methoden zeigt im Überblick Abbildung 12. Die konsolidierungstechnische Behandlung von assoziierten Unternehmen sowie Gemeinschaftsunternehmen (Joint Ventures) wird in den nachfolgenden Kapiteln C.IV.5. und 6. erörtert.

Die Kapitalkonsolidierung erfolgt üblicherweise nach der *Purchase-Methode* (Erwerbsmethode; § 301 HGB; IAS 22.18 ff.). Darüber hinaus ist unter bestimmten Voraussetzungen auch die Anwendung der sog. *Pooling-of-Interests-Methode* (Interessenzusammenführungsmethode) zulässig (§ 302 HGB) bzw. geboten (IAS 22.61 ff.).

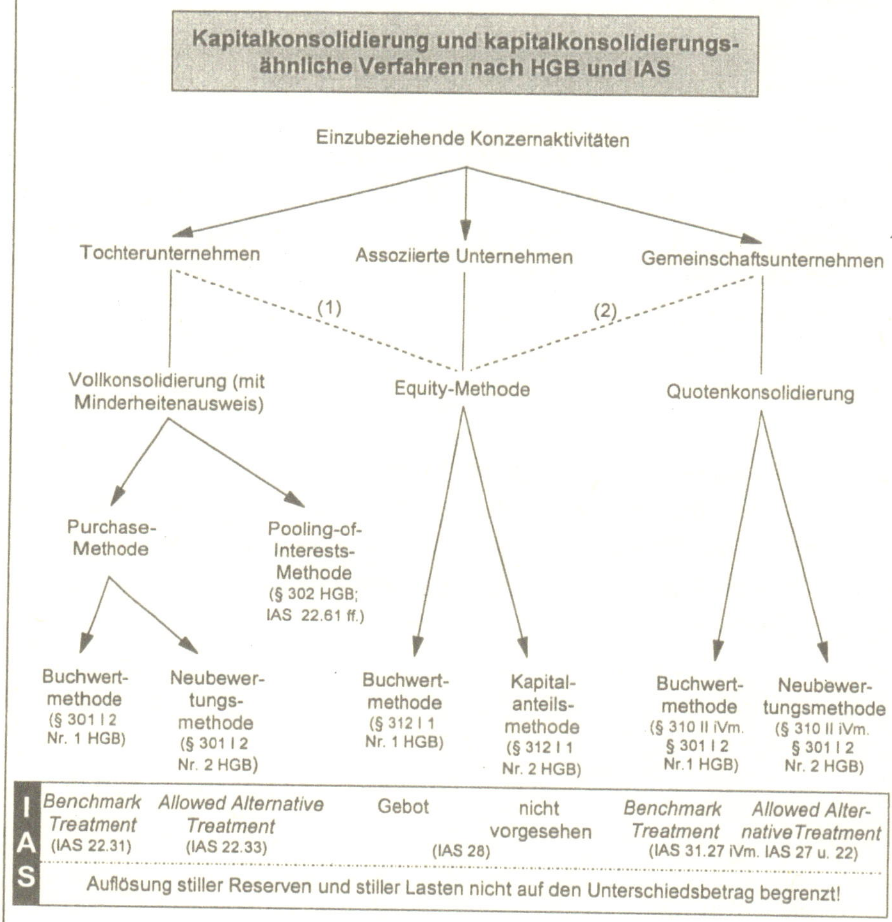

(1) HGB: Nicht-vollkonsolidierte Tochterunternehmen sind idR. nach der Equity-Methode zu bewerten.

IAS: Nicht-vollkonsolidierte Tochterunternehmen sind nicht nach der Equity-Methode, sondern mit den Anschaffungskosten (alternativ: Neubewertung) zu bewerten (IAS 27.13).

(2) HGB: Nicht-quotenkonsolidierte Gemeinschaftsunternehmen sind nach der Equity-Methode zu bewerten.

IAS: alternativ zulässig für Gemeinschaftsunternehmen: Equity-Methode; *Benchmark Treatment:* Quotenkonsolidierung (IAS 31.25 ff., 31.32 ff.)

Abb. 12: Kapitalkonsolidierung und kapitalkonsolidierungsähnliche Verfahren

Quelle: in Anlehnung an Dusemond (1996), S. 20.

a) Purchase Methode

Im folgenden wird zunächst das Grundprinzip der Purchase-Methode verdeutlicht. Im Anschluß wird dann die Anwendung dieser Methode im deutschen Handelsrecht in den Varianten der Buchwert- und Neubewertungsmethode aufgezeigt. In einem dritten Schritt werden die Besonderheiten der Purchase-Methode nach IAS erläutert. Der Abschnitt schließt mit der Darstellung der Folgekonsolidierung; im Vordergrund steht dabei die bilanzielle Behandlung des bei der Kapitalkonsolidierung entstandenen Goodwill (Geschäfts- oder Firmenwert) oder Badwill.

Das **Grundprinzip der Kapitalkonsolidierung** wird in Abb. 13 skizziert. Dabei wird vereinfachend unterstellt, das Mutterunternehmen halte die gesamten Anteile an einem Tochterunternehmen (100%-Beteiligung). Das konsolidierungstechnische Vorgehen gestaltet sich wie folgt:

1. Um eine Konzernbilanz zu erstellen, werden sämtliche Bilanzposten des Tochterunternehmens und des Mutterunternehmens in einer Summenbilanz rechnerisch zusammengefaßt. Die Summenbilanz enthält damit nicht nur sämtliche Vermögensgegenstände und Schulden der Mutter- und der Tochtergesellschaft, sondern auch die konzerninterne Kapitalverflechtung zwischen diesen beiden Unternehmen (Beteiligung an TU, Eigenkapital TU).

2. Die vom Mutterunternehmen gehaltene Beteiligung ist nun gegen das Eigenkapital des jeweiligen Tochterunternehmens zu verrechnen. Damit wird der aus Konzernsicht unzulässige Ansatz interner Kapitalverflechtungen korrigiert und eine die Vermögenslage verzerrende Bilanzverlängerung vermieden.

Auch wenn *keine* 100%-Beteiligung vorliegt, werden die Aktiva und das Fremdkapital der Tochter in voller Höhe in die Summenbilanz und damit auch in den Konzernabschluß übernommen. Eine Verrechnung der Beteiligungsbuchwerte aus dem Einzelabschluß des Mutterunternehmens erfolgt in diesem Fall aber nur gegen das der Beteiligungsquote entsprechende *anteilige* Eigenkapital des Tochterunternehmens.

Der nach Aufrechnung verbleibende Teil des Eigenkapitals des Tochterunternehmens, der den *Minderheitsgesellschaftern* zusteht, ist nach § 307 I 1 HGB gesondert innerhalb des Eigenkapitals, nach IAS 27.15 (c) „...separately from liabilities and the parent shareholders' equity" auszuweisen (Minderheitenausweis).

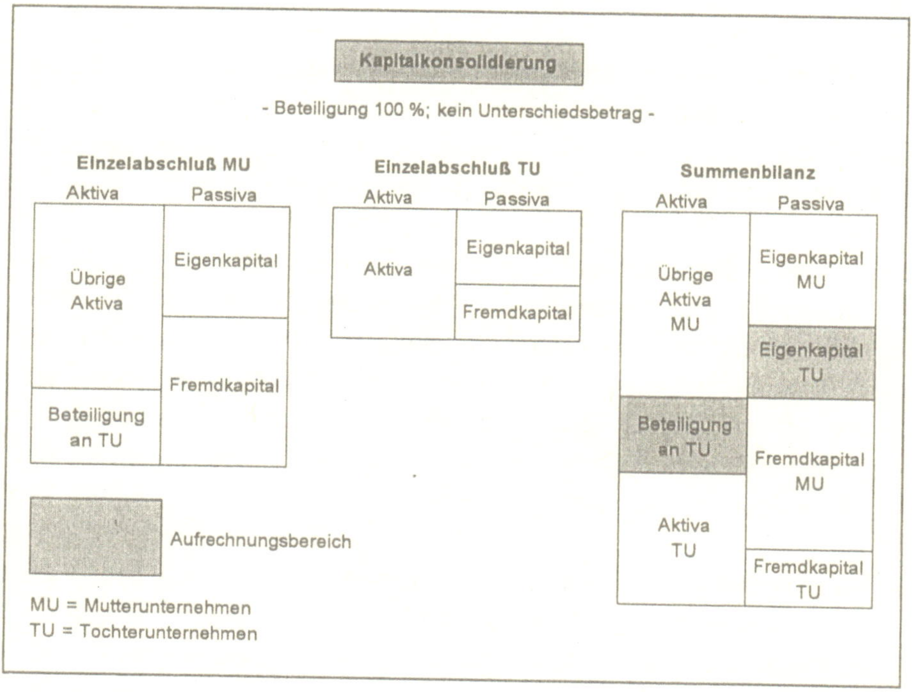

Abb. 13: Grundprinzip der Kapitalkonsolidierung

In der Realität ist es allerdings eher selten, daß der Buchwert der Beteiligung – wie in Abb. 13 dargestellt – dem (anteiligen) Eigenkapital des Tochterunternehmens wertmäßig entspricht. In der Regel wird die Verrechnung zu einem Unterschiedsbetrag führen, der hinsichtlich seiner Ursachen zu interpretieren und aufzulösen ist (vgl. Abb. 14).

Übersteigt der Beteiligungsbuchwert (MU) das anteilige Eigenkapital (TU), so liegt ein *aktivischer Unterschiedsbetrag* vor. Für die Anteile an dem Tochterunternehmen wurde ein Anschaffungspreis gezahlt, der über dem Buchwert des Reinvermögens (Vermögensgegenstände abzüglich Schulden) der Tochtergesellschaft liegt. In einem solchen Fall kann angenommen werden, daß mit dem Kaufpreis auch

- stille Reserven in den Vermögensgegenständen (Unterbewertung) oder Schulden (Überbewertung) und/oder
- ein Geschäfts- oder Firmenwert (Goodwill)

abgegolten wurden.

Ein *passivischer Unterschiedsbetrag* (Beteiligungsbuchwert < anteiliges Eigenkapital) läßt hingegen vermuten, daß in der Kaufpreisbemessung

- stille Lasten in den Vermögensgegenständen (Überbewertung) oder Schulden (Unterbewertung) und/oder
- ein negativer Geschäftswert (Badwill)

berücksichtigt wurden.

Die Erwerbsmethode (Purchase Methode) unterstellt, daß mit dem Erwerb der Tochtergesellschaft die Vermögensgegenstände und Schulden einzeln und mit ihren tatsächlichen (Zeit-)Werten erworben wurden. Um dieser Erwerbsfiktion gerecht zu werden, sind bei den zu Buchwerten erfaßten Bilanzposten des Tochterunternehmens in entsprechendem Maße stille Reserven (oder stille Lasten) aufzudecken. Ein nach Aufdeckung der Reserven als Unterschiedsbetrag verbleibender Restbetrag wird als Goodwill oder Badwill interpretiert (vgl. Abb. 14) und entsprechend bilanziell behandelt (vgl. Abb. 21 und 22).

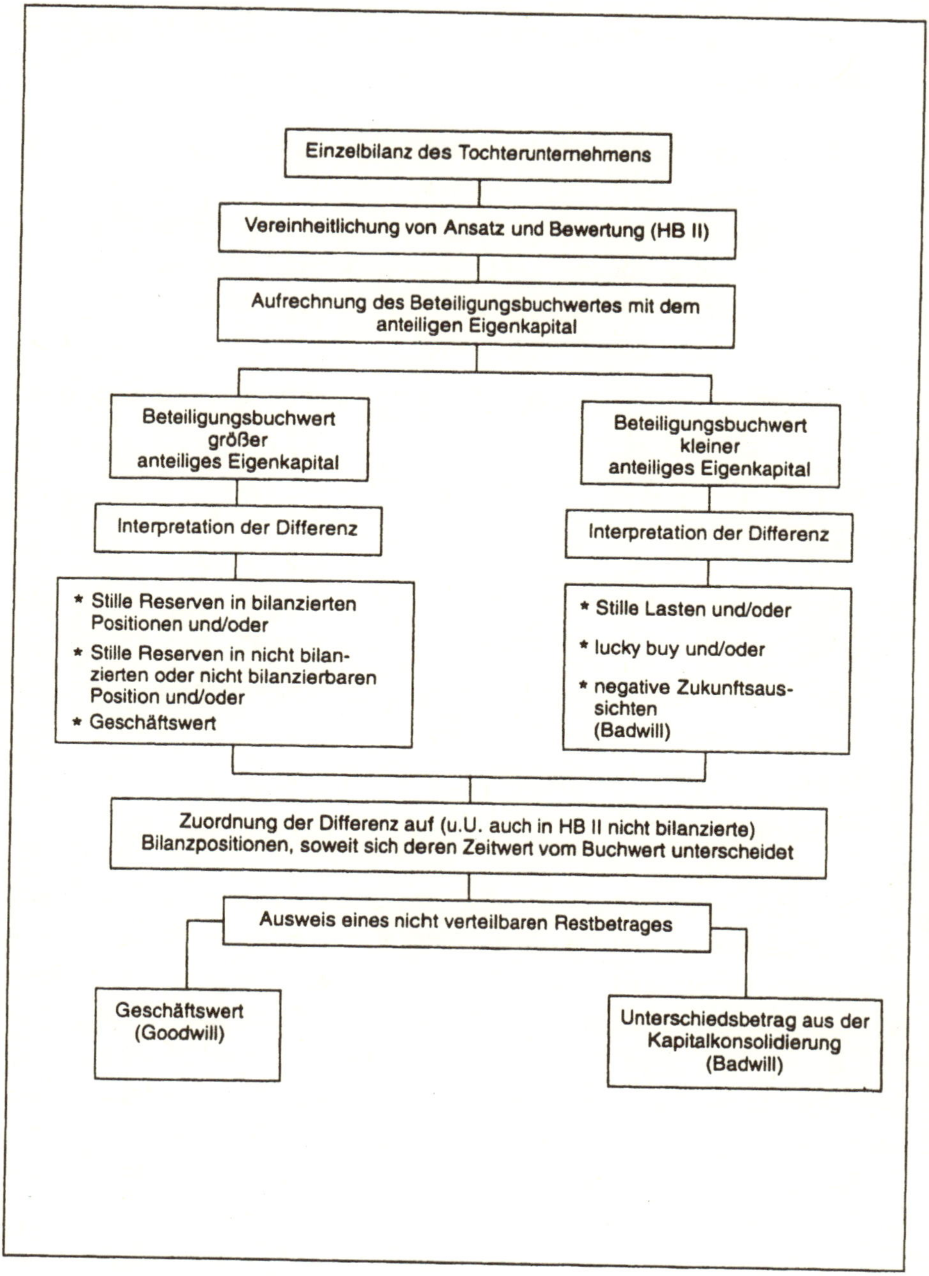

Abb. 14: Ablauf der Kapitalkonsolidierung
Quelle: Coenenberg (1994), S. 410.

Nach deutschem Handelsrecht sind bei der Ermittlung dieser Wertansätze (Zeitwerte) die Beträge

a) zum Zeitpunkt des Erwerbs der Anteile oder
b) die Wertverhältnisse zum Stichtag der erstmaligen Einbeziehung des Tochterunternehmens in den Konzernabschluß zugrunde zu legen (§ 301 II 1 HGB).

Nach IAS-Rechnungslegung ist ausschließlich der Erwerbszeitpunkt maßgeblich (IAS 22.31 a, 22.33).

Es lassen sich zwei Varianten der Purchase Methode unterscheiden: die Buchwert- und die Neubewertungsmethode (vgl. Abb. 12). Im Rahmen der deutschen Konzernrechnungslegung sind beide Methoden gleichermaßen zulässig (§ 301 I HGB). Nach IAS wird die Buchwertmethode präferiert (Benchmark Treatment; IAS 22.31 f.); alternativ wird allerdings auch die Neubewertungsmethode als zulässig erachtet (Allowed Alternative Treatment; IAS 22.33 f.).

Charakteristisch für die **Buchwertmethode** ist, daß die Vermögensgegenstände und Schulden *zunächst* mit ihren im Einzelabschluß (HB II) des Tochterunternehmens angesetzten *Buchwerten* in die Summenbilanz übernommen werden. Ein sich aus der Verrechnung des Beteiligungsbuchwerts gegen das (anteilige) Eigenkapital am Tochterunternehmen ergebender Unterschiedsbetrag ist den Wertansätzen der Vermögensgegenstände und Schulden des Tochterunternehmens insoweit zuzuschreiben oder mit diesen zu verrechnen, als ihr tatsächlicher Wert höher oder niedriger als ihr Buchwert ist (Auflösung stiller Reserven und Lasten; § 301 I 3 HGB). Ein verbleibender Unterschiedsbetrag stellt Goodwill oder Badwill dar (§ 301 III 1 HGB).

Übersteigen die stillen Reserven den aktivischen Unterschiedsbetrag (oder die stillen Lasten den passivischen Unterschiedsbetrag), muß ein Verteilungsmodus für seine Zuordnung gefunden werden (idR. proportionale Zuordnung), da die Konzernrechnungslegung nach HGB – anders als IAS 22 – eine Auflösung stiller Reserven/stiller Lasten *nur bis zur Höhe des Unterschiedsbetrags* zuläßt.

Die Abbildung 15 zeigt beispielhaft eine Konsolidierung nach der Buchwertmethode; Abbildung 16 verdeutlicht exemplarisch die Interpretation des Unterschiedsbetrags.

Deutlich werden soll in den Abbildungen insbesondere

a) die Verrechnung des konsolidierungspflichtigen Eigenkapitals in Höhe von 700 gegen den Beteiligungsbuchwert in Höhe von 1.000,
b) die Aufdeckung der stillen Reserven und Lasten nach Maßgabe der jeweiligen Zeitwerte in Höhe von 200 sowie
c) die Interpretation des verbleibenden Unterschiedsbetrags in Höhe von 100 als Goodwill.

In der Beispielsrechnung der Abbildungen 15 und 16 wird der nach Zuordnung der stillen Reserven und Lasten verbleibende aktivische Unterschiedsbetrag als Goodwill (Geschäfts- oder Firmenwert) aktiviert. Welche Möglichkeiten der bilanziellen Behandlung von Goodwill und Badwill nach HGB und IAS im einzelnen bestehen, ist Gegenstand der Ausführungen zu den Abbildungen 21 und 22.

Kapitalkonsolidierung nach der Buchwertmethode
– Beteiligung 100 % –

Bilanz-posten	MU	TU	Summen-bilanz	Konsolidierung Soll	Konsolidierung Haben	Konzern-bilanz
Goodwill				(2) 100		100
Grundstücke	1.000	400	1.400	(2) 100		1.500
Maschinen	900	300	1.200	(2) 50		1.250
BuG	300	100	400			400
Anteile VU	1.000		1.000		(1) 1.000	
RHB	600	200	800			800
Fertigerz.	300	100	400			400
(Verrechnung)				(1) 300	(2) 300	
Σ Aktiva	**4.100**	**1.100**	**5.200**			**4.450**
Gezeichnetes Kapital	1.100	300	1.400	(1) 300		1.100
Rücklagen	1.200	300	1.500	(1) 300		1.200
Jahresüberschuß	800	100	900	(1) 100		800
Rückstellungen	1.000	400	1.400	(2) 50		1.350
Σ Passiva	**4.100**	**1.100**	**5.200**			**4.450**

Von den Buchwerten der TU-Bilanz abweichende Zeitwerte:
- Grundstücke: 500
- Maschinen: 350
- Rückstellungen: 350

MU = Mutterunternehmen; TU = Tochterunternehmen; BuG = Betriebs- und Geschäftsausstattung; VU = Verbundene Unternehmen; RHB = Roh-, Hilfs- und Betriebsstoffe; Fertigerz. = Fertigerzeugnisse

Abb. 15: Beispiel: Buchwertmethode

Unterschiedsbetrag aus Kapitalkonsolidierung nach der Buchwertmethode	
Anteile VU (Beteiligung an TU)	1.000
./. konsolidierungspflichtiges Eigenkapital TU (300 + 300 + 100)	./. 700
= (aktivischer) Unterschiedsbetrag	= 300
./. Auflösung stiller Reserven/Lasten (100 + 50 + 50)	./. 200
= Goodwill (Geschäfts- oder Firmenwert)	= 100

Abb. 16: Beispiel: Unterschiedsbetrag aus Kapitalkonsolidierung (Buchwertmethode)

Bei der **Neubewertungsmethode** werden die Vermögensgegenstände und Schulden des Tochterunternehmens bereits in der HB II mit ihren Zeitwerten angesetzt. Dadurch werden die stillen Reserven und Lasten – unabhängig von der Beteiligungsquote des Mutterunternehmens – vollständig aufgedeckt (vgl. die Beispielsrechnung der Abb. 17).

Das (anteilige) Eigenkapital des Tochterunternehmens geht folglich in die Verrechnung mit dem Beteiligungsbuchwert mit einem Betrag ein, der dem beizulegenden Wert der Vermögensgegenstände und Schulden der Tochtergesellschaft entspricht (§ 301 I 2 Nr. 2 HGB IAS 22.33). Die Neubewertung in der HB II darf *nach deutschem Recht* (abweichend von IAS) allerdings nicht dazu führen, daß das (anteilige) Eigenkapital die vom Mutterunternehmen aufgewendeten Anschaffungskosten der Beteiligung übersteigt (Anschaffungskostenprinzip; § 301 I 4 HGB).

Kapitalkonsolidierung nach der Neubewertungsmethode
– Beteiligung 100 % –

Bilanz-posten	MU	TU (Buch-werte)	TU (Zeit-werte)	Sum-men-bilanz	Konsoli-dierung Soll	Konsoli-dierung Haben	Konzern-bilanz
Goodwill					100		100
Grundstücke	1.000	400	500	1.500			1.500
Maschinen	900	300	350	1.250			1.250
BuG	300	100	100	400			400
Anteile VU	1.000			1.000		1.000	
RHB	600	200	200	800			800
Fertigerz.	300	100	100	400			400
Σ Aktiva	**4.100**	**1.100**	**1.250**	**5.350**			**4.450**
Gezeichnetes Kapital	1.100	300	300	1.400	300		1.100
Rücklagen	1.200	300	300	1.500	300		1.200
Jahresüberschuß	800	100	300	1.100	300		800
Rückstellungen	1.000	400	350	1.350			1.350
Σ Passiva	**4.100**	**1.100**	**1.250**	**5.350**			**4.450**

MU = Mutterunternehmen; TU = Tochterunternehmen; BuG = Betriebs- und Geschäftsausstattung; VU = Verbundene Unternehmen; RHB = Roh-, Hilfs- und Betriebsstoffe; Fertigerz. = Fertigerzeugnisse

Abb. 17: Beispiel: Neubewertungsmethode

Ein aus der Aufrechnung des Kapitals auf der Basis von Zeitwerten resultierender aktivischer Unterschiedsbetrag ist als Goodwill (Geschäfts- oder Firmenwert) anzusehen und als solcher bilanziell zu behandeln (vgl. Abb. 17 u. 21). Ein passivischer Unterschiedsbetrag (Badwill) kann *nach HGB* wegen des Anschaffungskostenprinzips bei der Neubewertung im allgemeinen nicht entstehen.

Buchwertmethode versus Neubewertungsmethode: Wie auch aus dem Zahlenbeispiel der Abbildungen 15 und 17 zu ersehen ist, führen die Buchwertmethode und die Neubewertungsmethode bei einem 100 %-igen Beteiligungsverhältnis zu demselben Ergebnis. Unterschiede ergeben sich allerdings dann, wenn neben dem Mutterunternehmen noch andere Gesellschafter (Minderheitsgesellschafter) an dem Tochterunternehmen beteiligt sind: Während nach der Buchwertmethode die stillen Reserven und Lasten nur gemäß der Beteiligungsquote aufgelöst werden, erfolgt bei Anwendung der Neubewertungsmethode deren vollständige Auflösung, d.h. auch soweit sie auf die Anteile der Minderheitsgesellschafter entfallen. Dies führt zu *unterschiedlichen Wertansätzen* in der Konzernbilanz, wie aus dem Konsolidierungsbeispiel der Abbildung 18 ersichtlich wird.

Buchwertmethode versus Neubewertungsmethode
– Beteiligung 80 % –

Bilanzposten	MU	TU (Buchwerte)	TU (Zeitwerte)	Konzernbilanz Buchwertmethode	Konzernbilanz Neubew.-methode
Goodwill				280	280
Grundstücke	1.000	400	500	1.480	1.500
Maschinen	900	300	350	1.240	1.250
BuG	300	100	100	400	400
Anteile VU	1.000				
RHB	600	200	200	800	800
Fertigerz.	300	100	100	400	400
Σ Aktiva	**4.100**	**1.100**	**1.250**	**4.600**	**4.630**
Gezeichnetes Kapital	1.100	300	300	1.100	1.100
Rücklagen	1.200	300	300	1.200	1.200
Jahresüberschuß	800	100	300	800	800
Anteile anderer Gesellschafter				140	180
Rückstellungen	1.000	400	350	1.360	1.350
Σ Passiva	**4.100**	**1.100**	**1.250**	**4.600**	**4.630**

MU = Mutterunternehmen; TU = Tochterunternehmen; BuG = Betriebs- und Geschäftsausstattung; VU = Verbundene Unternehmen; RHB = Roh-, Hilfs- und Betriebsstoffe; Fertigerz. = Fertigerzeugnisse

Abb. 18: Beispiel: Buchwert- versus Neubewertungsmethode

Besonderheiten der Purchase Methode nach IAS: International Accounting Standard 22 läßt ebenfalls die Buchwertmethode (Benchmark) und die Neubewertungsmethode (Alternative Treatment) zu. Im IAS-Konzernabschluß sind aber die Vermögensgegenstände und Schulden der erworbenen Tochtergesellschaft – unabhängig von den Anschaffungskosten der Beteiligung – stets mit ihren vollen Zeitwerten anzusetzen (IAS 22.31 a). Eine aus dem Anschaffungskostenprinzip abgeleitete Auflösungsbegrenzung für stille Reserven und Lasten auf den Unterschiedsbetrag aus Kapitalkonsolidierung, wie dies das HGB bei Buchwert- und Neubewertungsmethode vorsieht, existiert nach IAS nicht. Bei im Prinzip gleicher Konsolidierungsmethodik können die Wertansätze nach HGB und IAS daher voneinander abweichen.

Die Abbildungen 19 und 20 verdeutlichen dies anhand eines Beispiels (Kapitalkonsolidierung nach der Buchwertmethode): Da im vorliegenden Fall die stillen Reserven von 1.000 (= 600 + 300 + 100) des Tochterunternehmens TU den Unterschiedsbetrag von 300 (= 1.000 - [300 + 300 + 100]) betragsmäßig übersteigen, werden die stillen Reserven nach HGB lediglich proportional bis zur Höhe des Unterschiedsbetrags (180 + 90 + 30 = 300) aufgelöst. Die IAS-Konsolidierung setzt hingegen die Zeitwerte der Vermögensgegenstände an und deckt damit die stillen Reserven in Höhe von 1.000 vollständig auf (600 + 300 + 100). Dies führt *im Ergebnis nach IAS zu einem passivischen Unterschiedsbetrag*, der im Konzernabschluß als Badwill ausgewiesen wird.

Buchwertmethode: HGB versus IAS
– Beteiligung 100 % –

Bilanz-posten	MU	TU	Auflösung stiller Reserven/Lasten HGB	Auflösung stiller Reserven/Lasten IAS	Konzernbilanz HGB	Konzernbilanz IAS
Goodwill						
Grund-stücke	1.000	400	**180**	**600**	1.580	2.000
Maschinen	900	300	**90**	**300**	1.290	1.500
BuG	300	100			400	400
Anteile VU	1.000					
RHB	600	200			800	800
Fertigerz.	300	100			400	400
∑ Aktiva	**4.100**	**1.100**			**4.470**	**5.100**
Badwill						700
Gezeichne-tes Kapital	1.100	300			1.100	1.100
Rücklagen	1.200	300			1.200	1.200
Jahresüber-schuß	800	100			800	800
Rückstel-lungen	1.000	400	**- 30**	**- 100**	1.370	1300
∑ Passiva	**4.100**	**1.100**			**4.470**	**5.100**

Von den Buchwerten der TU-Bilanz abweichende Zeitwerte:

- Grundstücke: 1.000
- Maschinen: 600
- Rückstellungen: 300

MU = Mutterunternehmen; TU = Tochterunternehmen; BuG = Betriebs- und Geschäftsausstattung; VU = Verbundene Unternehmen; RHB = Roh-, Hilfs- und Betriebsstoffe; Fertigerz. = Fertigerzeugnisse

Abb. 19: Beispiel Kapitalkonsolidierung: HGB versus IAS

Unterschiedsbetrag aus Kapitalkonsolidierung HGB versus IAS	HGB	IAS
Anteile VU (Beteiligung am TU	1.000	1.000
./. konsolidierungspflichtiges Eigenkapital TU (300 + 300 + 100)	./. 700	./. 700
= (aktivischer) Unterschiedsbetrag	300	300
./. Auflösung stiller Reserven/Lasten (180 + 90 + 30 bzw. 600 + 300 + 100)	./. 300	./. 1.000
= Goodwill (+) / Badwill (./.)	0	./. 700

Abb. 20: Beispiel Unterschiedsbetrag aus Kapitalkonsolidierung: HGB versus IAS

Folgekonsolidierung: In den auf die Erstkonsolidierung folgenden Geschäftsjahren sind die im Rahmen der Konsolidierung aufgedeckten stillen Reserven und Lasten so zu behandeln wie die entsprechenden Vermögensgegenstände und Schulden, denen sie zugeordnet wurden. Sie sind im Konzernabschluß fortzuführen, abzuschreiben oder aufzulösen. Besondere Regelungen gelten dabei für den entstandenen Goodwill oder Badwill.

Goodwill: Ein sich aus der Kapitalkonsolidierung ergebender Goodwill (Geschäfts- oder Firmenwert) *darf nach deutschem Handelsrecht* wahlweise (vgl. Abb. 21)

- in der Konzernbilanz aktiviert (§ 301 III 1 HGB) und anschließend planmäßig oder mit mindestens 25 % jährlich abgeschrieben werden (§ 309 I 1 u. 2 HGB) oder
- sofort offen von den Rücklagen abgesetzt werden (§ 309 I 3 HGB).

Die Verrechnung mit den Rücklagen hat zur Folge, daß der Geschäfts- oder Firmenwert – ohne in den Folgejahren zu einer Ertragsbelastung zu führen – erfolgsunwirksam aus der Bilanz entfernt wird.

Nach IAS 22.40 ist eine Verrechnung des Goodwill mit den Konzernrücklagen hingegen unzulässig. Der Goodwill ist in jedem Fall zu aktivieren und planmäßig über maximal fünf, in Ausnahmefällen zwanzig Jahre abzuschreiben (IAS 22.42).

Der aktivierte Goodwill wird sowohl nach HGB als auch nach IAS unter den immateriellen Vermögensgegenständen im Anlagevermögen der Bilanz ausgewiesen.

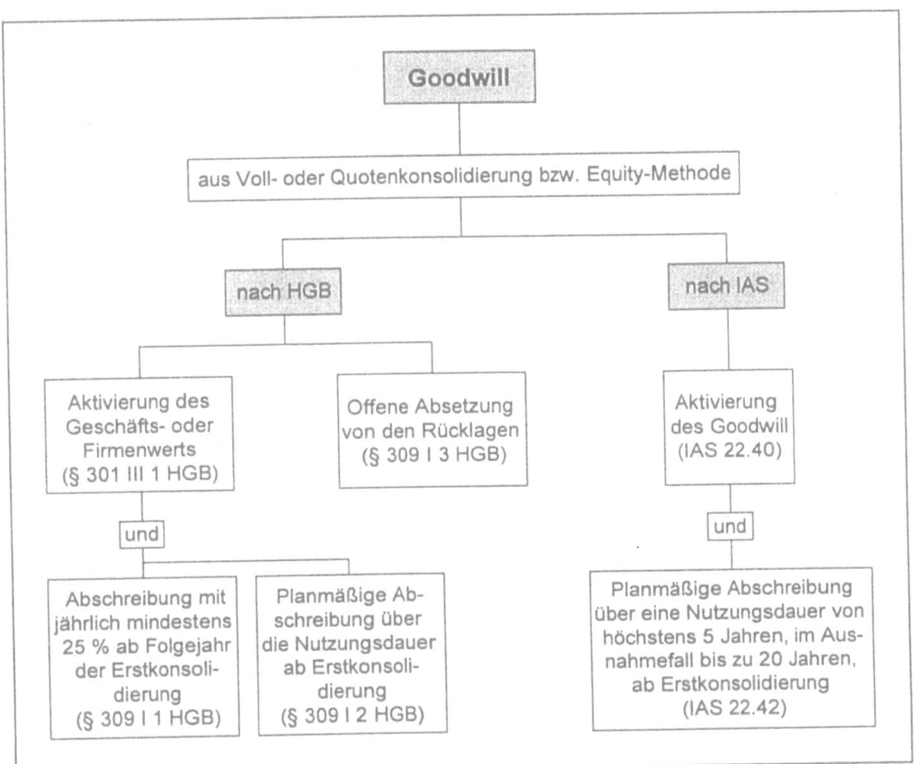

Abb. 21: Goodwill: HGB versus IAS

Badwill (vgl. Abb. 22): Resultiert aus der Konsolidierung hingegen ein Badwill, so ist dieser *nach HGB* als „Unterschiedsbetrag aus Kapitalkonsolidierung" (§ 301 III 1 HGB) zu passivieren und in den Folgejahren unter den Voraussetzungen des § 309 II HGB erfolgswirksam aufzulösen. Diese Vorgehensweise mit einem Ausweis als „Negative Goodwill" ist auch *in den IAS* als alternativ zulässige Methode vorgesehen (IAS 22.51). Empfohlen wird jedoch (Benchmark Treatment), den negativen Goodwill gegen die nicht-monetären Aktiva zu verrechnen (Abstockung):

> „...the fair values of the nonmonetary assets acquired should be reduced proportionately until the excess is eliminated." (IAS 22.49)

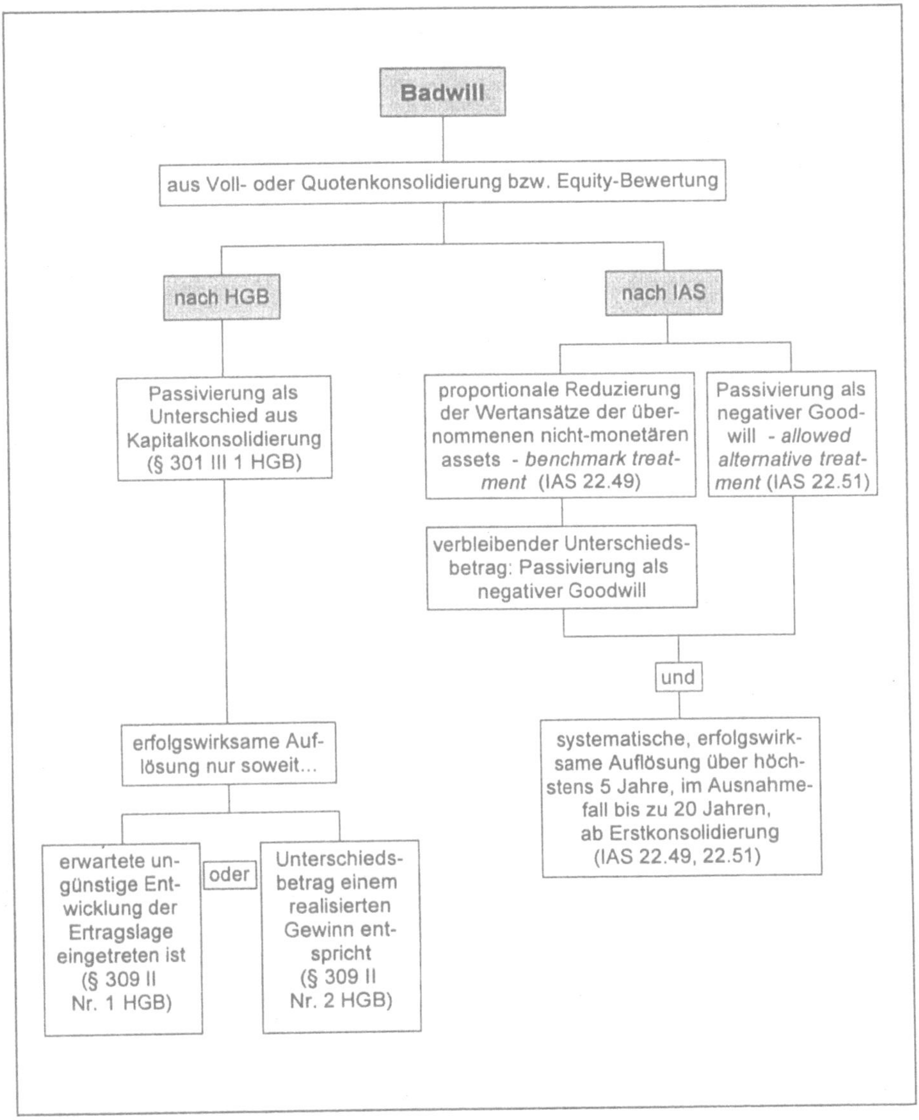

Abb. 22: Badwill: HGB versus IAS

b) Pooling-of-Interests-Methode

Für Tochterunternehmen, deren Erwerb als Interessenzusammenführung anzusehen ist,

- *darf* nach HGB wahlweise (§ 302 HGB) und
- *muß* nach IAS zwingend (IAS 22.61 ff.)

die Pooling-of-Interests-Methode (Uniting-of-Interests-Methode) angewendet werden.

Diese Pooling-of-Interests-Methode unterstellt, daß nicht etwa ein Unternehmen durch ein anderes erworben wurde (Purchase), sondern daß die Anteilseigner der beteiligten Gesellschaften auf der Basis eines Anteilstauschs ihre Vermögensinteressen und Ressourcen in einem Unternehmensverbund zusammenführen (Pooling), einem Verbund, den sie gemeinsam und gleichberechtigt leiten. Abbildung 23 liefert einen Überblick über die unterschiedlichen Anwendungsvoraussetzungen der Methode nach HGB und IAS.

Diese Methode zeichnet sich im Vergleich zur Purchase-Methode durch eine vereinfachte Konsolidierungstechnik aus:

1. Die Beteiligungsbuchwerte aus dem Einzelabschluß des Mutterunternehmens werden lediglich gegen das (anteilige) *gezeichnete Kapital* des Tochterunternehmens verrechnet (§ 302 I HGB; IAS 22.63).
2. Die übrigen Eigenkapitalposten werden ebenso wie sämtliche anderen Posten der Einzelbilanz des Tochterunternehmens (HB II) unverändert mit ihren *Buchwerten* in den Konzernabschluß übernommen.
3. Ein aus der Aufrechnung des Beteiligungsbuchwerts gegen das (anteilige) gezeichnete Kapital des Tochterunternehmens entstehender aktivischer Unterschiedsbetrag ist sofort mit den Rücklagen zu verrechnen, ein passivischer Unterschiedsbetrag den Rücklagen hinzuzurechnen (§ 302 II HGB; IAS 22.63).

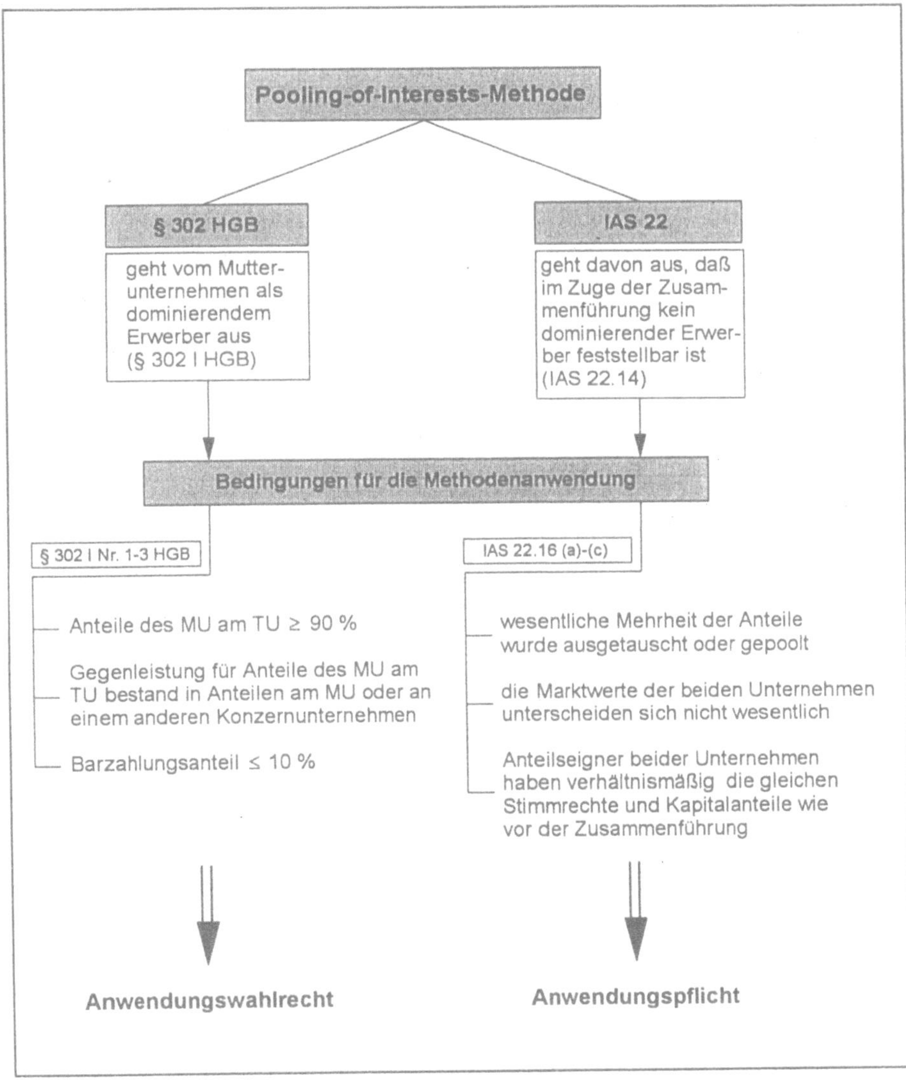

Abb. 23: Die Pooling-of-Interests-Methode: HGB versus IAS

2. Schuldenkonsolidierung

Der Konzern als wirtschaftliche Einheit darf in seiner Bilanz keine Forderungen oder Verbindlichkeiten gegen sich selbst ausweisen. Entsprechend können Bilanzposten mit forderungs- und verbindlichkeitsähnlichem Charakter aus den Einzelabschlüssen der einbezogenen Konzernunternehmen nur insoweit in den Konzernabschluß eingehen, als sie gegenüber konzernfremden Dritten bestehen. Sämtliche Aktivposten mit Forderungscharakter gegenüber anderen Konzernunternehmen sind mit den ihnen gegenüberstehenden Passivposten mit Verbindlichkeitscharakter aufzurechnen (§ 303 I HGB; IAS 27.17). Welche Posten dies im einzelnen sind, zeigt Abbildung 23.

Im Zuge der Eliminierung (Aufrechnung) von konzerninternen Forderungen und Verbindlichkeiten können **Aufrechnungsdifferenzen** entstehen. Diese können ihre Ursache in Bewertungsunterschieden oder in zeitlichen Buchungsunterschieden haben.

Letztere werden auch als *„unechte" Aufrechnungsdifferenzen* bezeichnet, da sie nicht etwa auf unterschiedlichen Bewertungen von korrespondierenden Forderungen und Verbindlichkeiten beruhen, sondern durch buchtechnische Mängel begründet sind. Dies ist bspw. der Fall, wenn ein Konzernunternehmen nach erfolgter Lieferung eine Forderung erfaßt, das warenempfangende Konzernunternehmen aber wegen ausstehender Rechnung noch keine entsprechende Verbindlichkeit eingebucht hat.

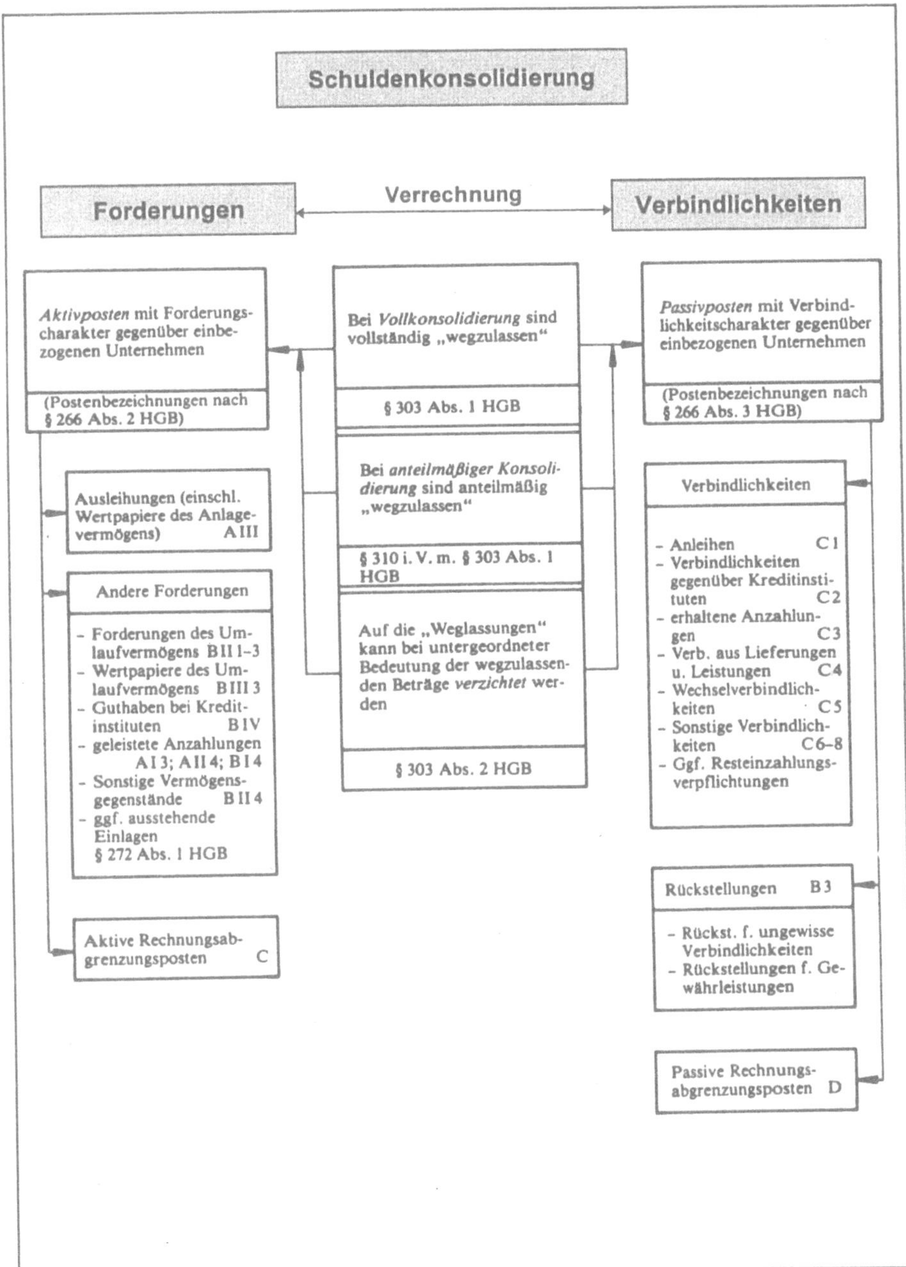

Abb. 24: Schuldenkonsolidierung
Quelle: Gross/Schruff/Wysocki (1986), S. 159.

Echte Aufrechnungsdifferenzen entstehen dadurch, daß die korrespondierenden Forderungen und Verbindlichkeiten nach unterschiedlichen Grundsätzen bewertet wurden. In der HGB-Rechnungslegung sind aufgrund des Imparitätsprinzips Aufrechnungsdifferenzen idR. passivischer Natur (Forderungen < Verbindlichkeiten).

Da konzerninterne Forderungen und Verbindlichkeiten – unabhängig davon, ob ihnen ein aufrechenbarer Gegenposten in gleicher Höhe gegenübersteht – „wegzulassen" sind (§ 303 I HGB; IAS 27.17: „...should be eliminated in full"), dürfen Aufrechnungsdifferenzen nicht als Restbeträge aus der Schuldenkonsolidierung in die Konzernbilanz eingehen, sondern müssen erfolgswirksam in der Gewinn- und Verlustrechnung verrechnet werden. Im Hinblick auf ein periodengerechtes Konzernjahresergebnis dürfen sie allerdings nur im Jahre ihrer erstmaligen Entstehung erfolgswirksam verrechnet werden. Lediglich die Veränderung des Gesamtunterschiedsbetrags gegenüber der Vorjahreskonsolidierung ist somit im Konzernjahreserfolg der Gewinn- und Verlustrechnung zu berücksichtigen (vgl. Abb. 25).

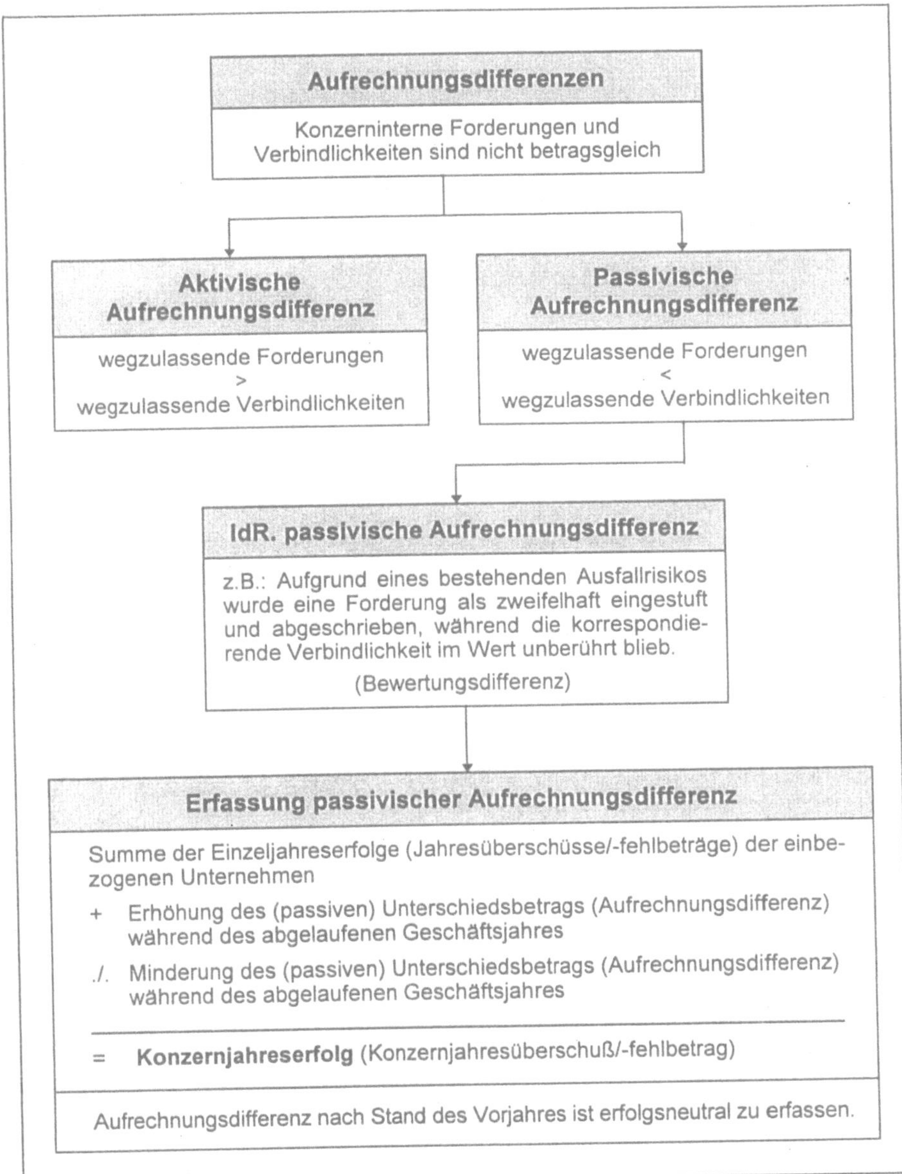

Abb. 25: Erfolgswirksame Erfassung von Aufrechnungsdifferenzen aus der Schuldenkonsolidierung

3. Zwischenergebniseliminierung

Im Konzernabschluß gelten Gewinne und Verluste aus Lieferungen und Leistungen der Konzernunternehmen erst dann als (am Markt) realisiert, wenn die Waren und Dienstleistungen an Konzernexterne veräußert wurden. Aus konzerninternen Lieferungen oder Leistungen darf prinzipiell kein Konzerngewinn bzw. -verlust realisiert werden.

Die in den Einzelabschlüssen der Konzerngesellschaften bereits realisierten Gewinne und Verluste aus konzerninternen Lieferungen und Leistungen sind im Konzernabschluß als Zwischengewinne oder -verluste zu eliminieren. Dies bedeutet, daß solche Vermögensgegenstände des Konzerns, die aus konzerninternen Lieferungen und Leistungen stammen und zu Konzernverrechnungspreisen erworben wurden, mit den aus einheitlicher Konzernsicht geltenden (*Konzern-*)Anschaffungs- oder Herstellungskosten anzusetzen sind (§ 304 I HGB; IAS 27.17).

Das Zwischenergebnis ermittelt sich als Differenz von Einzelabschlußwert (Konzernverrechnungspreis oder niedriger beizulegender Wert) und Konzernabschlußwert. Während für die aus Konzernsicht *angeschafften* Vermögensgegenstände die Konzernabschlußwerte und damit die zu eliminierenden Zwischenergebnisse über die Anschaffungskosten eindeutig definiert sind, bestimmt sich das Ausmaß der Zwischenergebniseliminierung für die *hergestellten* Güter nach dem konzerneinheitlich gewählten Herstellungskostenansatz.

Im Hinblick auf den vorgeschriebenen Umfang der Herstellungskosten unterscheiden sich IAS und HGB erheblich. Während IAS 2.7 zwingend auf den Vollkostenansatz abstellt, ist nach § 255 II HGB auch ein geringerer Bewertungsansatz zu Teilkosten möglich (vgl. hierzu im Detail Abb. 39 und 40 in Kap. D).

Nach HGB-Rechnungslegung ist daher zumindest jener Zwischengewinn zu eliminieren, der sich als Differenz von Einzelabschlußwert und (Konzern-)Herstellungskostenobergrenze ergibt. Über diesen *eliminierungs-*

pflichtigen Teil hinaus ist auch die Differenz zwischen Konzernhöchstwert und -mindestwert der Herstellungskosten *eliminierungsfähig* (vgl. die verschiedenen Fallbeispiele der Abb. 26).

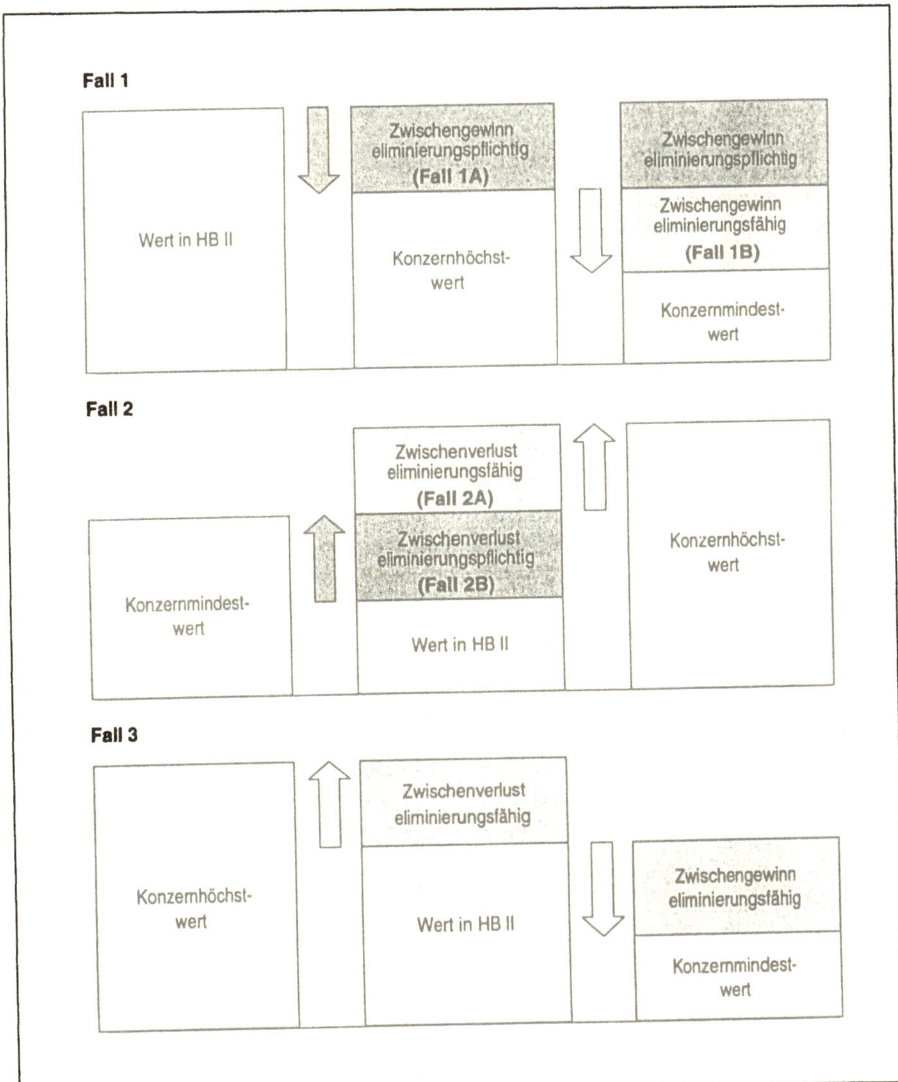

Abb. 26: Fallbeispiele zur Zwischenergebniseliminierung (HGB)
Quelle: Baetge (1994), S. 305.

Da die IAS-Rechnungslegung bei der Bestimmung der Herstellungskosten keine Einbeziehungswahlrechte vorsieht (Ausnahme: Fremdkapitalkosten), ergeben sich im Gegensatz zum HGB keine Herstellungskostenhöchst- und Herstellungskostenmindestwerte und somit auch keine eliminierungs*fähigen*, sondern nur eliminierungs*pflichtige* Zwischenergebnisse.

Im Rahmen der Zwischenergebniseliminierung sind aber nicht nur die von konzerninternen Lieferungen und Leistungen berührten Vermögensgegenstände in der Bilanz wertmäßig anzupassen. Die Eliminierung von Zwischenergebnissen muß darüber hinaus auch ihren Niederschlag in der Gewinn- und Verlustrechnung des Konzerns finden. Das Konzern-Jahresergebnis ist um die aus Konzernsicht nicht realisierten Zwischenergebnisse aus den Einzelabschlüssen zu korrigieren (vgl. die nachfolgende Abb. 27).

Summe der Einzeljahreserfolge (Jahresüberschüsse/-fehlbeträge) der in den Konzernabschluß einbezogenen Unternehmen	
./.+	im Geschäftsjahr neu entstandene (und eliminierte) Zwischengewinne/-verluste
+./.	aus Vorperioden stammende und im Geschäftsjahr abgebaute Zwischengewinne/-verluste
=	**Konzernjahreserfolg** (Konzernjahresüberschuß/-fehlbetrag)

Abb. 27: Ableitung des Konzernergebnisses unter Berücksichtigung von Zwischenergebnissen

Im Jahr ihrer Entstehung sind die Zwischenergebnisse aus dem Summenergebnis des Konzerns herauszurechnen. Die bereits in Vorjahren eliminierten Zwischenergebnisse dürfen erst in dem Geschäftsjahr wieder in das Konzernergebnis eingehen, in dem die betroffenen Vermögensgegenstände an Konzernexterne veräußert werden und das Ergebnis aus Konzernsicht realisiert wird.

4. Aufwands- und Ertragskonsolidierung

Aufwendungen und Erträge sind in der Gewinn- und Verlustrechnung des Konzerns grundsätzlich nur insoweit zu erfassen, als sie aus Geschäften mit Dritten, d.h. Konzernexternen, resultieren. Aufwendungen und Erträge, die aus dem Geschäftsverkehr zwischen den Konzernunternehmen entstehen, sind daher gegeneinander aufzurechnen oder so umzugliedern, wie sie aus Sicht eines einheitlichen Unternehmens auszuweisen wären (§ 305 I HGB; IAS 27.17 f.). Welche Verrechnungs- bzw. Umgliederungsvorgänge im einzelnen durchzuführen sind, hängt im wesentlichen vom gewählten Gliederungsverfahren der Gewinn- und Verlustrechnung (Gesamtkostenverfahren oder Umsatzkostenverfahren) sowie davon ab, ob der Liefergegenstand im Konzern verblieben ist oder bereits an Konzernexterne weiterveräußert wurde.

Abb. 28 zeigt exemplarisch die im Rahmen der Aufwands- und Ertragskonsolidierung erforderlichen Verrechnungen und Umgliederungen nach dem Gesamtkostenverfahren. Nach dem Umsatzkostenverfahren können Umsatzerlöse systembedingt nicht in die Bestandsveränderungen und aktivierten Eigenleistungen umgegliedert werden, sondern nur gegen die korrespondierenden Aufwendungen (v.a. Herstellungskosten) verrechnet werden (vgl. § 275 III HGB; IAS-E 53).

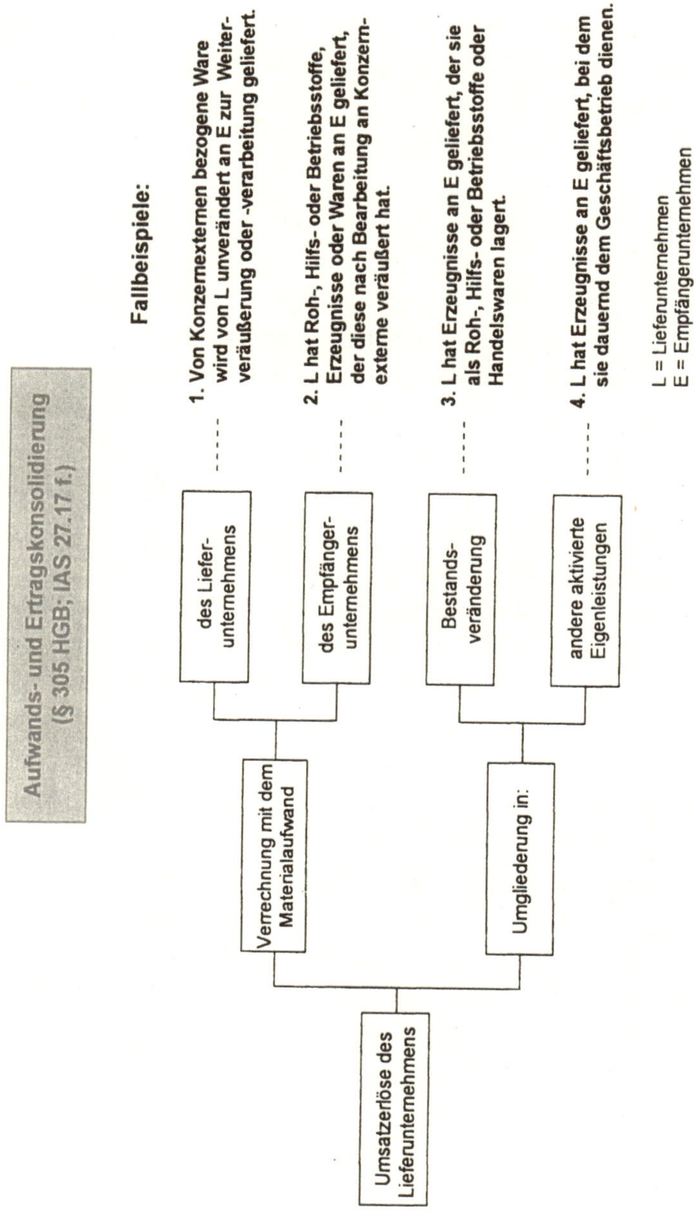

Abb. 28: Verrechnungen und Umgliederungen im Rahmen der Aufwands- und Ertragskonsolidierung

5. Quotenkonsolidierung

Unternehmen, die von einem in den Konzernabschluß einzubeziehenden Unternehmen und einem oder mehreren nicht einbezogenen Unternehmen *gemeinschaftlich geleitet* werden (Gemeinschaftsunternehmen bzw. Joint Ventures), werden nach HGB und IAS im allgemeinen im Wege der Quotenkonsolidierung in den Konzernabschluß einbezogen. Von einer gemeinschaftlichen Leitung kann nur dann ausgegangen werden, wenn keines der beteiligten Unternehmen über einen beherrschenden Einfluß verfügt und die Geschäftspolitik des betreffenden Unternehmens in gleichrangiger Leitungsbefugnis gemeinsam bestimmt wird. In Betracht kommt die Quotenkonsolidierung damit nur, wenn die Voraussetzungen für das Bestehen eines Mutter-Tochter-Verhältnisses *nicht* erfüllt sind.

Nach IAS stellt die quotale Konsolidierung von Gemeinschaftsunternehmen das vorziehenswürdige Benchmark Treatment dar (IAS 31.25 ff.; vgl. Abb. 12). Alternativ zulässig ist aber auch die Einbeziehung nach der Equity-Methode (Allowed Alternative Treatment; IAS 31.32 ff.). Dies gilt in ähnlicher Weise für die HGB-Konzernrechnungslegung: Wird auf die Anwendung der Quotenkonsolidierung verzichtet, ist das Joint Venture nach der Equity-Methode (§ 311 f. HGB) zu bilanzieren, da in diesem Fall üblicherweise die Voraussetzungen eines assoziierten Unternehmens gegeben sind (vgl. das nachfolgende Kap. 6).

Hinsichtlich der Konsolidierungsmaßnahmen und -techniken unterscheidet sich die Quotenkonsolidierung im Grundsatz nicht von der Vollkonsolidierung. Allerdings sind die Vermögensgegenstände und Schulden bzw. Aufwendungen und Erträge *nur anteilig* entsprechend den vom Mutterunternehmen direkt oder indirekt gehaltenen Anteilen (Beteiligungsquote) in den Konzernabschluß einzubeziehen (§ 310 I HGB; IAS 31.27). Einen Ausgleichsposten für die Anteile anderer Gesellschafter gibt es aufgrund des quotalen Charakters der Einbeziehung naturgemäß nicht.

In Abb. 29 soll anhand eines einfachen Beispiels die Technik der Quotenkonsolidierung nach der Buchwertmethode verdeutlicht werden. Anders

In Abb. 29 soll anhand eines einfachen Beispiels die Technik der Quotenkonsolidierung nach der Buchwertmethode verdeutlicht werden. Anders als bei der Vollkonsolidierung von Tochtergesellschaften stimmen Buchwertmethode und Neubewertungsmethode bei der Quotenkonsolidierung im Ergebnis immer überein, da die auf das konzernfremde Eigenkapital (des Joint-Venture-Partners) entfallenden stillen Reserven und Lasten nicht erfaßt werden.

6. Equity-Methode

Beteiligungen an assoziierten Unternehmen (Associates) sind nach der Equity-Methode zu bewerten (vgl. Abb. 12). Das gilt sowohl für die HGB-Konzernrechnungslegung gemäß § 311 f. HGB als auch nach IAS 28. Einen Überblick über die Anwendungsvoraussetzungen dieser besonderen Form der Beteiligungsbewertung verschafft Abb. 30.

Als „assoziiert" gelten solche Unternehmen, auf die ein *maßgeblicher Einfluß* ausgeübt wird (kein beherrschender Einfluß über Control-Rechte oder einheitliche Leitung). Die assoziierten Unternehmen nehmen eine Zwischenstellung zwischen dem Kern der Unternehmensgruppe „Konzern" und deren Umwelt ein.

Während § 311 HGB die *tatsächliche Ausübung* eines maßgeblichen Einflusses voraussetzt, genügt nach IAS 28 allerdings bereits die *Möglichkeit* eines maßgeblichen Einflusses, um ein Unternehmen als assoziiert zu qualifizieren. IAS 28.5 nennt – in weitgehender Übereinstimmung mit der HGB-Literatur – beispielhaft Sachverhalte, die einen maßgeblichen Einfluß der Obergesellschaft begründen können:

- die Vertretung der Obergesellschaft in den Leitungsorganen des Beteiligungsunternehmens;
- die Mitwirkung an bedeutenden Entscheidungsprozessen;
- enge Geschäftsbeziehungen;
- der Austausch von Führungskräften
- die Bereitstellung von wesentlichem technischen Know-how.

Quotenkonsolidierung (Buchwertmethode)
– Beteiligung 50 % –

Bilanzposten	MU	GU	Summenbilanz	Konsolidierung Soll	Konsolidierung Haben	Konzernbilanz
Goodwill				(2) 100		100
Grundstücke	1.000	400	1.200	(2) 100		1.300
Maschinen	800	400	1.000	(2) 50		1.050
Anteile VU	600		600		(1) 600	
RHB	600	200	700			700
(Verrechnung)				(1) 250	(2) 250	
∑ Aktiva	**3.000**	**1.000**	**3.500**			**3.150**
Gezeichnetes Kapital	1.100	400	1.300	(1) 200		1.100
Rücklagen	900	200	1.000	(1) 100		900
Jahresüberschuß	400	100	450	(1) 50		400
Rückstellungen	600	300	750			750
∑ Passiva	**3.000**	**1.000**	**3.500**			**3.150**

Beteiligungsquote von MU an GU : 50 %

Von den Buchwerten der GU-Bilanz abweichende Zeitwerte:
- Grundstücke: 600
- Maschinen: 500

MU = Mutterunternehmen; GU = Gemeinschaftsunternehmen, VU = Verbundene Unternehmen; RHB = Roh-, Hilfs- und Betriebsstoffe

Abb. 29: Beispiel: Quotenkonsolidierung

Equity-Methode		
	HGB	IAS
Anwendungsbereich	Assoziierte Unternehmen (Associates)	
Anwendungsvoraussetzungen	Beteiligung nach § 271 I HGB tatsächliche Ausübung eines maßgeblichen Einflusses (§ 311 I 1 HGB)	Beteiligung (Investment) Möglichkeit zur Ausübung eines maßgeblichen Einflusses (IAS 28.3)
Vermutung eines maßgeblichen Einflusses – widerlegbar –	Stimmrechtsanteil ≥ 20 % (§ 311 I 2 HGB)	(IAS 28.4)
Methode	Buchwertmethode oder Kapitalanteilsmethode	Buchwertmethode

Abb. 30: Equity-Methode: HGB versus IAS

Die Equity-Methode zeichnet sich vor allem dadurch aus, daß die Abschlußposten des assoziierten Unternehmens *nicht* in den Konzernabschluß übernommen werden, sondern lediglich der Wertansatz der Beteiligung in besonderer Weise modifiziert wird. Ausgehend von den historischen Anschaffungskosten der Beteiligung wird der Wertansatz in den Folgeperioden entsprechend der Entwicklung des anteiligen Eigenkapitals des assoziierten Unternehmens fortgeschrieben: Anteilige Jahresüberschüsse/-fehlbeträge des assoziierten Unternehmens werden dem Beteiligungswert zugeschrieben bzw. von ihm abgesetzt; anteilige Gewinnausschüttungen mindern, Verlustübernahmen am assoziierten Unternehmen erhöhen dagegen den Wertansatz (vgl. Abb. 31).

Die Equity-Methode tritt im deutschen Recht in zwei Formen auf: der Buchwert- und der Kapitalanteilsmethode. Nach IAS ist nur die Buchwertmethode zulässig.

Fortschreibung des Beteiligungsbuchwerts nach der Buchwertmethode		
Ausgangs-bewertung		Anschaffungskosten
Regelmäßige Fortschreibung	+	anteilige Jahresüberschüsse des assoziierten Unternehmens
	./.	anteilige Jahresfehlbeträge des assoziierten Unternehmens
	./.	vereinnahmte Gewinnausschüttung vom assoziierten Unternehmen
	+	übernommene Verluste des assoziierten Unternehmens
	./.	Abschreibung zuordnungsfähiger Unterschiedsbeträge (Auflösung stiller Reserven)
	./.	Abschreibung eines Goodwill (aktivischer nicht zuordnungsfähiger Unterschiedsbetrag)
	+	Auflösung eines passivischen nicht zuordnungsfähigen Unterschiedsbetrags (Badwill)
	+./.	Ergebniswirkung einer Umbewertung wegen konzerneinheitlicher Bewertung einschließlich der Zwischenergebniseliminierung (Wahlrecht)
Außerplanmäßige Fortschreibungen	./.	außerplanmäßige Abschreibungen
	+	außerplanmäßige Zuschreibungen
	+	Kapitaleinzahlungen
	./.	Kapitalrückzahlungen

Abb. 31: Equity-Methode: Fortschreibung des Beteiligungsbuchwerts

Bei der *erstmaligen Anwendung* der **Buchwertmethode** wird in einer Nebenrechnung der Beteiligungsbuchwert mit dem anteiligen Eigenkapital des Equity-Unternehmens verglichen und ein resultierender Unterschiedsbetrag – ähnlich dem Vorgehen der Vollkonsolidierung – auf stille Reserven und stille Lasten und einen Goodwill oder Badwill untersucht (§ 312 II 1 u. 3 HGB; IAS 28.17 iVm. IAS 22). In der Nebenbuchhaltung werden die festgestellten stillen Reserven und Lasten den betreffenden

Vermögensgegenständen und Schulden zugeordnet und ein möglicherweise ermittelter Goodwill oder Badwill angesetzt. Der Beteiligungsbuchwert ändert sich dadurch zunächst nicht.

In den Folgejahren sind die zugeordneten stillen Reserven und Lasten in der Nebenbuchhaltung, entsprechend der Behandlung der jeweiligen Vermögensgegenstände und Schulden, fortzuführen, abzuschreiben oder aufzulösen. Ein dort angesetzter Goodwill oder Badwill ist nach den gleichen Regelungen wie bei der Kapitalkonsolidierung aufzulösen (vgl. Abb. 21 und 22). Besondere bilanzielle Konsequenzen zeigen sich bei dieser Variante der Equity-Methode somit erst in den Folgeperioden. Allerdings ist bei erstmaliger Anwendung der Unterschiedsbetrag (Beteiligungsbuchwert ./. anteiliges Eigenkapital) in der handelsrechtlichen Konzernbilanz als „davon"-Vermerk auszuweisen oder im Anhang anzugeben (§ 312 I 2 HGB).

Die Buchwertmethode ist die nach IAS einzig zulässige Ausgestaltung der Equity-Bewertung. Analog der Kapitalkonsolidierung (Vollkonsolidierung) ist dabei die Auflösung der stillen Reserven und Lasten allerdings *nicht*, wie ausdrücklich nach HGB, auf die Höhe des Unterschiedsbetrags begrenzt.

Nach HGB, nicht aber nach IAS zulässig ist die **Kapitalanteilsmethode** der Equity-Bewertung (§ 312 I 1 Nr. 2 HGB). Deren Vorgehensweise entspricht funktional der Neubewertungsmethode der Kapitalkonsolidierung (vgl. Kap. C.IV.1.a.). Die Beteiligung an einem assoziierten Unternehmen ist dabei mit dem Betrag anzusetzen, der dem durch eine Neubewertung der Vermögensgegenstände und Schulden entstandenen anteiligen Eigenkapital des assoziierten Unternehmens entspricht. Wie bei der Neubewertungsmethode darf gemäß § 312 I 3 HGB das anteilige neubewertete Eigenkapital die Anschaffungskosten der Anteile nicht überschreiten.

Ein aktivischer Unterschiedsbetrag zwischen dem Beteiligungsbuchwert und dem neu bewerteten anteiligen Eigenkapital ist bei der Erstkonsolidierung als Goodwill zu interpretieren und in der Konzernbilanz anzusetzen

(§ 312 I 3 HGB). Dies gilt entsprechend für einen passivischen Unterschiedsbetrag. Die Behandlung der Unterschiedsbeträge in den Folgejahren hat wie bei der Buchwertmethode zu erfolgen (vgl. Abb. 31).

Buchwertmethode und Kapitalanteilsmethode führen zu gleichen Bilanzsummen und zu gleichen Jahreserfolgen im Konzernabschluß. Sie unterscheiden sich aber in der Regel in der Höhe des Beteiligungsansatzes. Während bei der Buchwertmethode der Beteiligungsansatz den Goodwill/Badwill enthält, wird dieser bei der Kapitalanteilsmethode als eigenständiger Bilanzposten ausgewiesen und entsprechend fortgeführt.

D. Bilanzierung und Bewertung der Aktiva: HGB versus IAS

I. Bilanzierung der Aktiva: Ansatz und Gliederung

Auf der Aktivseite der Handelsbilanz wird das Vermögen des Unternehmens bzw. des Konzerns, geordnet nach Gegenständen des Anlage- und des Umlaufvermögens, abgebildet. Das Anlagevermögen, bestehend aus Gebrauchsgütern und Finanzanlagen, ist dazu bestimmt, „dauernd dem Geschäftsbetrieb zu dienen" (§ 247 II HGB), während das Umlaufvermögen Güter umfaßt, die zum Verbrauch oder Verkauf bestimmt sind bzw. eine hohe Liquidierbarkeit aufweisen. Neben den Vermögensgegenständen sind auf der Aktivseite auch Rechnungsabgrenzungsposten und ggf. Bilanzierungshilfen auszuweisen. Was im einzelnen unter Vermögensgegenständen, Rechnungsabgrenzungsposten und Bilanzierungshilfen zu verstehen ist, wird in den nachfolgenden Abschnitten erläutert.

Der § 266 II HGB gibt für die Aktivseite der Bilanz folgende Grobgliederung vor:

A. Anlagevermögen
- **I. Immaterielle Vermögensgegenstände**
- **II. Sachanlagen**
- **III. Finanzanlagen**

B. Umlaufvermögen
- **I. Vorräte**
- **II. Forderungen und sonstige Vermögensgegenstände**
- **III. Wertpapiere**
- **IV. Flüssige Mittel**

C. Rechnungsabgrenzungsposten

Im Detail stellt sich die Aktivseite der HGB-Bilanz wie in der folgenden Abbildung 32 dar:

Aktivseite gemäß § 266 II HGB

A. Anlagevermögen:

I. Immaterielle Vermögensgegenstände:

1. Konzessionen, gewerbliche Schutzrechte und ähnliche Rechte und Werte sowie Lizenzen an solchen Rechten und Werten;
2. Geschäfts- oder Firmenwert;
3. geleistete Anzahlungen;

II. Sachanlagen:

1. Grundstücke, grundstücksgleiche Rechte und Bauten einschließlich der Bauten auf fremden Grundstücken;
2. technische Anlagen und Maschinen;
3. andere Anlagen, Betriebs- und Geschäftsausstattung;
4. geleistete Anzahlungen und Anlagen im Bau;

III. Finanzanlagen:

1. Anteile an verbundenen Unternehmen;
2. Ausleihungen an verbundene Unternehmen;
3. Beteiligungen;
4. Ausleihungen an Unternehmen, mit denen ein Beteiligungsverhältnis besteht;
5. Wertpapiere des Anlagevermögens;
6. sonstige Ausleihungen.

B. Umlaufvermögen:

I. Vorräte:

1. Roh-, Hilfs-, und Betriebsstoffe;
2. unfertige Erzeugnisse und unfertige Leistungen;
3. fertige Erzeugnisse und Waren;
4. geleistete Anzahlungen;

II. Forderungen und sonstige Vermögensgegenstände:

1. Forderungen aus Lieferungen und Leistungen;
2. Forderungen gegen verbundene Unternehmen;
3. Forderungen gegen Unternehmen, mit denen ein Beteiligungsverhältnis besteht;
4. sonstige Vermögensgegenstände;

III. Wertpapiere:

1. Anteile an verbundenen Unternehmen;
2. eigene Anteile;
3. sonstige Wertpapiere;

IV. Schecks, Kassenbestand, Bundesbank- und Postgiroguthaben, Guthaben bei Kreditinstituten.

C. Rechnungsabgrenzungsposten.

Abb. 32: Aktivseite der Bilanz nach HGB

In den *IAS* wird kein spezifisches Gliederungsformat für die Bilanz vorgegeben. IAS 5 und IAS 13 enthalten aber Mindestanforderungen, die durch den neuen IAS Entwurf E 53 (Presentation of Financial Statements) ergänzt werden sollen.

Ansatz, Ausweis und Bewertung der Aktiva sind je nach Vermögenskategorie in eigenständigen International Accounting Standards geregelt:

Sachanlagevermögen:	IAS 16
Immaterielles Anlagevermögen:	IAS 9, IAS 22, IAS-E 50
Finanzvermögen:	IAS 25, IAS 32, IAS-E 48
Vorräte:	IAS 2

1. Vermögensgegenstände: Begriff und Bedeutung

Nach deutschem Bilanzierungsverständnis sind Vermögensgegenstände wirtschaftliche Werte, die selbständig bewertbar und einzeln veräußerbar sind. Sie sind zwingend zu aktivieren, sofern sie dem Unternehmen zuzurechnen sind, kein Bilanzierungswahlrecht vorliegt und keine spezifische Rechtsnorm die Aktivierung ausschließt. Für immaterielle Vermögensgegenstände des Anlagevermögens wird als Aktivierungsvoraussetzung zusätzlich der „entgeltliche Erwerb" gefordert (vgl. Abb. 33).

Vermögensgegenstände *nach IAS* (*Assets*) sind definiert als dem Unternehmen zuzurechnende Nutzenpotentiale, d.h. als Güter, die dem Unternehmen einen künftigen Nutzen („future economic benefit") in Form von Gewinnbeiträgen versprechen:

> „An asset is a resource controlled by the enterprise as a result of past events and from which future economic benefits are expected to flow to the enterprise." (IAS-F.49)

Die Assets sind zu aktivieren, wenn von ihrer wirtschaftlichen Werthaltigkeit auszugehen ist und ihr Wert zuverlässig rechnerisch bestimmbar ist.

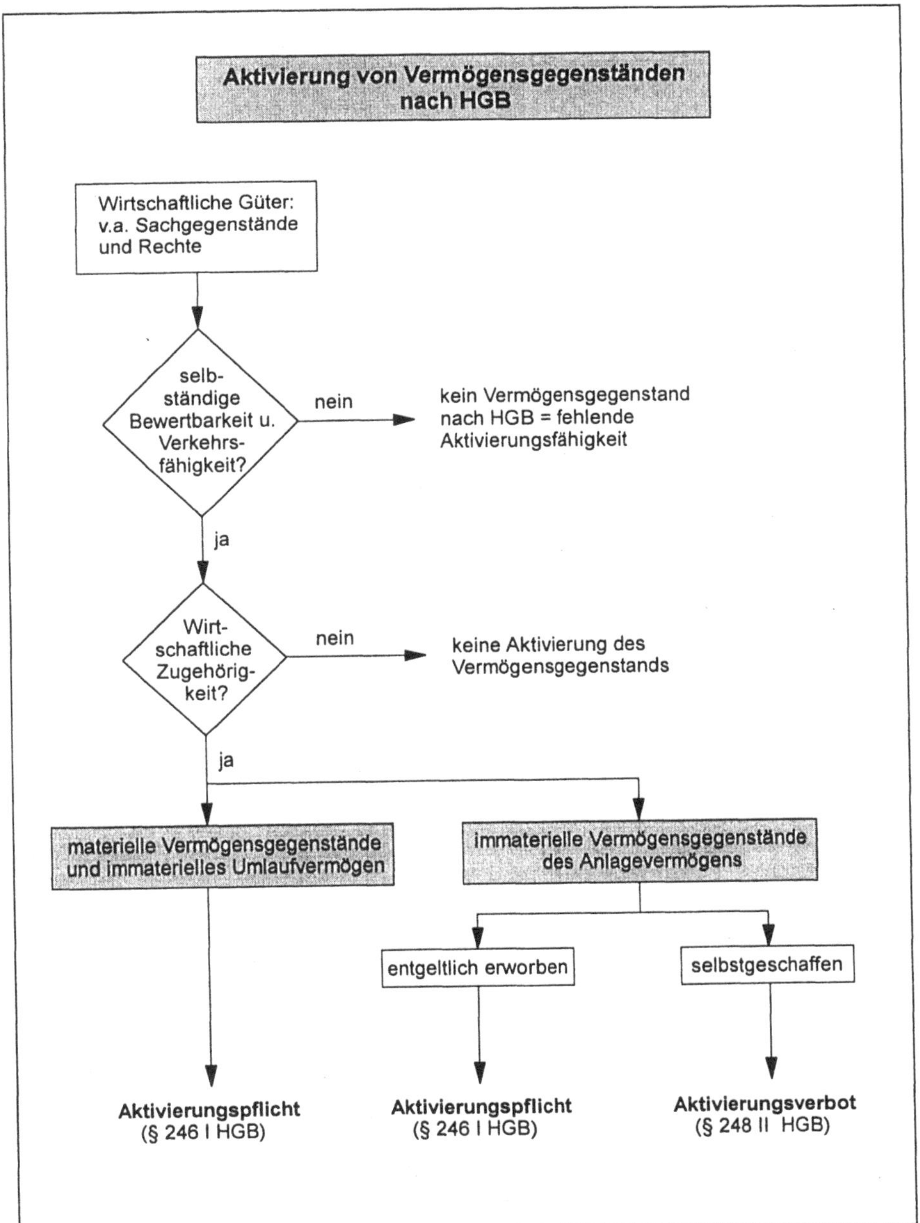

Abb. 33: Aktivierung von Vermögensgegenständen nach HGB

Als aktivierungsfähige Assets gelten nach dem IAS-Entwurf E 50 (Intangible Assets) daher nicht nur fremderworbene, sondern – entgegen dem strengen deutschen Aktivierungsverbot des § 248 II HGB – auch selbsterstellte *immaterielle Vermögensgegenstände*, wenn diese mit zukünftigen Nutzenzuwächsen (Gewinnbeiträgen) verbunden sind und die anfallenden Herstellungskosten zuverlässig bestimmbar sind (vgl. Abb. 34).

Aus Objektivierungsgründen sind allerdings nicht nur nach HGB, sondern auch nach IAS

- ein originärer Firmenwert (Internally Generated Goodwill; IAS-E 50.36)
- Kosten einer Werbekampagne zur Schaffung oder Ausweitung eines Markennamens (IAS-E 50.34) sowie
- Forschungskosten (Research Cost; IAS 9.15)

ausdrücklich nicht aktivierungsfähig.

Deutliche Abweichungen vom deutschen Recht zeigen sich insbesondere bei der Behandlung der Kosten für Produkt- und Verfahrensentwicklungen. IAS 9 (Research and Development Costs) schreibt unter den in Tz. 17 genannten Voraussetzungen (vgl. Abb. 34), die an den obengenannten abstrakten Asset-Aktivierungskriterien anknüpfen, *die Aktivierung der Entwicklungskosten* eines Unternehmens vor.

Die aktivierten Entwicklungskosten sind über die Zeitdauer des Verkaufs der entwickelten Produkte oder der Nutzung der Fertigprodukte bzw. des Verfahrens abzuschreiben. Abschreibungsbeginn ist der Zeitpunkt, zu dem das Produkt bzw. Verfahren fertiggestellt ist. Die Abschreibungsdauer darf dabei fünf Jahre im allgemeinen nicht überschreiten (IAS 9.21 ff.).

Das IASC hat mittlerweile vorgeschlagen, die Aktivierungspflicht für Entwicklungskosten in ein Wahlrecht umzuwandeln. Mit einem verbindlichen Standard zum Themenkreis „Intangible Assets“, der auch eine Überarbeitung der Entwicklungskostenfrage (IAS 9) einschließt, wird allerdings nicht vor Oktober 1997 gerechnet (vgl. Abb. 5 in Kap. B).

Immaterielle Vermögensgegenstände (Intangible Assets)		
	HGB	**IAS**
entgeltlich erworben	Aktivierungspflicht (§ 246 I HGB)	Aktivierungspflicht (IAS-F.50)
selbsterstellt	Anlagevermögen: Aktivierungs-verbot (§ 248 II HGB) Umlaufvermögen: Aktivierungs-pflicht (§ 246 I HGB)	Anlagevermögen: Aktivierungspflicht, wenn Asset-Kriterien erfüllt; explizit ausgeschlossen: - originärer Goodwill (IAS-E 50.36) - Marketingkosten (IAS-E 50.34) - Forschungskosten (IAS 9.15) Umlaufvermögen: Aktivierungspflicht (IAS-F.50)
Entwicklungs-kosten	Akivierungsverbot (§ 248 II HGB)	Aktivierungspflicht, wenn Produkt/Verfahren (IAS 9.17) - genau bezeichenbar und direkte Kostenzurechnung und zuverlässige Kostenermittlung möglich - technisch realisierbar - selbst genutzt oder vermarktet werden soll - am Markt nachgefragt oder unternehmensinterner Bedarf nachweisbar - in Anbetracht der einsetzbaren Unternehmensressourcen vollendet und vermarktet bzw. nutzbar gemacht werden kann

Abb. 34: Immaterielle Vermögensgegenstände: HGB versus IAS

Das *deutsche Recht* kennt als Aktiva neben den Vermögensgegenständen noch die Rechnungsabgrenzungsposten und die Bilanzierungshilfen (z.B. Ingangsetzungsaufwand; § 269 HGB). Der *IAS*-Begriff des Vermögensgegenstandes ist umfassender, beschreibt die gesamten Aktiva und umfaßt damit auch die aktiven Rechnungsabgrenzungsposten und die Bilanzierungshilfen, sofern sie die Asset-Kriterien erfüllen.

2. Zurechnung von Vermögensgegenständen: Finance Lease

Bei der Zurechnung von Vermögensgegenständen im Rahmen der Bilanzierung von Leasinggeschäften können ebenfalls Unterschiede zwischen IAS und HGB auftreten, wenngleich beide Rechnungslegungssysteme bei der Beurteilung der Zugehörigkeit prinzipiell der wirtschaftlichen Betrachtungsweise und nicht der zivilrechtlichen Gestaltung den Vorrang einräumen.

Nach IAS 17.8 ist Finanzierungsleasing (*Finance Lease*) zumindest immer dann gegeben, wenn *eine* der folgenden Voraussetzungen erfüllt ist:

1. Das Eigentum an dem Vermögensgegenstand wird am Ende der Leasingzeit auf den Leasingnehmer übertragen.
2. Der Leasingnehmer erhält die Option, den Vermögensgegenstand am Ende der Leasingzeit zu einem für ihn vorteilhalten Preis zu erwerben, so daß zum Zeitpunkt des Vertragsbeginns als sicher anzunehmen ist, daß die Option ausgeübt werden wird (Bargain Purchase Option).
3. Die Laufzeit des Leasingvertrages umfaßt den wesentlichen Teil der gewöhnlichen Nutzungsdauer des Vermögensgegenstandes.
4. Der Barwert der Mindestzahlungen des Leasingnehmers übertrifft den Verkehrswert des Leasinggegenstandes oder ist zumindest von annähernd gleicher Höhe.

Liegt Finance Lease vor, so hat der Leasing*nehmer* den Vermögensgegenstand zum Tageswert (oder zum niedrigeren Barwert der zu zahlenden Netto-Leasingraten) zu aktivieren; gleichzeitig ist eine Verbindlichkeit gleicher Höhe zu passivieren (IAS 17.11). Der Vermögensgegenstand wird über die Laufzeit des Vertrages (oder die kürzere Nutzungsdauer) abgeschrieben; eine entsprechende Verbindlichkeit wird jährlich in Höhe des Tilgungsanteils der Leasingraten erfolgsneutral aufgelöst (vgl. Abb. 35).

<table>
<tr><th colspan="2">Bilanzielle Behandlung des Finance Lease beim Leasingnehmer</th></tr>
<tr><th>Aktiva</th><th>Passiva</th></tr>
<tr><td>Aktivierung des Leasinggegenstands in Höhe des</td><td>Passivierung einer Verbindlichkeit in Höhe des</td></tr>
<tr><td colspan="2">- Tageswerts des Leasinggegenstands (Fair Value; IAS 17.11)
oder – soweit niedriger –
- Barwert der Leasingraten der Grundmietzeit (Present Value of the Minimum Lease Payments; IAS 17.11)</td></tr>
<tr><td>Abschreibung des Leasinggegenstands über die Nutzungsdauer (IAS 17.16)</td><td>Erfolgsneutrale annuitätische Auflösung der Verbindlichkeit in Höhe des Tilgungsanteils der Leasingraten (IAS 17.30)
Zinsanteil der Leasingraten wird als Aufwand erfaßt.</td></tr>
</table>

Abb. 35: Finance Lease: Bilanzielle Behandlung beim Leasingnehmer

Die obengenannten, nach IAS vorgeschriebenen vier Voraussetzungen für die Zuordnung von Leasinggegenständen zum Leasingnehmer sind nicht vollständig deckungsgleich mit den in der deutschen Praxis vorherrschenden, auch als GoB anerkannten Zuordnungskriterien der steuerlichen Leasingerlasse (vgl. Abb. 36).

Unterschiede zwischen IAS und HGB ergeben sich vor allem durch das im deutschen Recht unbekannte Barwertkriterium. Eine vertragliche Vereinbarung, wonach der Barwert der Leasingzahlungen den Zeitwert des Vermögensgegenstandes überschreitet, wird ein rational handelnder Leasingnehmer nur dann akzeptieren, wenn er wirtschaftlich über das Eigentum am Leasinggegenstand verfügt. Ist das Barwertkriterium erfüllt, so ist nach IAS der Vermögensgegenstand dem Leasingnehmer zuzuordnen, auch wenn die Grundmietzeit zwischen 40% und 90% der Nutzungsdauer beträgt und weder eine günstige Kaufoption vorliegt noch ein Eigentumsübergang am Ende der Vertragslaufzeit stattfindet.

Grundsatz: Aktivierung des Leasinggegenstands beim wirtschaftlichen Eigentümer

Aktivierung beim Leasingnehmer, wenn...	**HGB** (Leasing-erlasse)	**IAS** (IAS 17.8)
• der Leasinggegenstand am Ende der Leasingzeit dem Leasingnehmer übereignet wird.	✓	✓
• der Leasingnehmer über eine nicht-marktgerechte niedrige Kaufoption verfügt.	✓	✓
• die Laufzeit des Leasingvertrags den wesentlichen Teil der wirtschaftlichen Nutzungsdauer umfaßt.	konkretisiert: > 90 %	✓
• die Laufzeit des Leasingvertrags bei Vollamortisation weniger als 40 % der wirtschaftlichen Nutzungsdauer umfaßt.	✓	–
• der Barwert der Leasingzahlungen größer oder gleich dem Tageswert des Gegenstands ist.	–	✓

Abb. 36: Finance Lease: Zurechnung zum Leasingnehmer

Ein weiterer bedeutsamer Unterschied zwischen HGB und IAS besteht bei der bilanziellen Behandlung von Sale-and-Lease-back-Geschäften. Liegt dem Lease-back eines Gegenstands ein Finance Lease-Vertrag zugrunde, so ist nach IAS 17.57 der entstandene Verkaufsgewinn als passivischer Rechnungsabgrenzungsposten anzusetzen und ratierlich über die Laufzeit des Vertrages ertragswirksam aufzulösen. Dies widerspricht dem sofortigen und vollen Gewinnrealisierungsgebot nach HGB, das den Verkauf und das anschließende Leasing als getrennte Sachverhalte ansieht.

3. Rechnungsabgrenzungsposten und Bilanzierungshilfen

Aktive **Rechnungsabgrenzungsposten** sind Ausgaben vor dem Abschlußstichtag, die einen bestimmten Zeitraum nach dem Abschlußstichtag betreffen und somit erst dann als Aufwand erfaßt werden dürfen (§ 250 I HGB). Als Beispiele zu nennen sind Miet- und Zinsvorauszahlungen. Die Rechnungsabgrenzung dient der periodengerechten Erfolgszuordnung. Die im voraus geleisteten Zahlungen werden durch die Aktivierung des Abgrenzungspostens erfolgsneutral in das nächste Geschäftsjahr übertragen und schlagen sich erst dort erfolgsmindernd nieder.

Aus Sicht der IAS handelt es sich bei dem aktiven Rechnungsabgrenzungsposten um ein Asset, da ein Leistungsanspruch (z.B. auf künftige Raumnutzung bei Mietvorauszahlung) besteht, der „future economic benefits" begründet.

Als Rechnungsabgrenzungsposten iwS. gilt aus deutscher Sicht auch das Disagio, für das nach § 250 III HGB ein Aktivierungswahlrecht besteht. Wird es aktiviert, so ist es in den Folgejahren über die Laufzeit der jeweiligen Verbindlichkeit aufzulösen. Damit wird dem Grundsatz periodengerechter Erfolgszuordnung Genüge getan. Wird auf die Aktivierung verzichtet, so wird der Disagioaufwand in voller Höhe dem Geschäftsjahr des Laufzeitbeginns der Verbindlichkeit zugerechnet. Gemäß IAS 18.31 ist ein Disagio über die Laufzeit der Verbindlichkeit zu verteilen, d.h. zu aktivieren und in den Folgejahren aufzulösen oder – entgegen dem deutschen Recht – von der entsprechenden Verbindlichkeit offen abzusetzen und über die Laufzeit der Verbindlichkeit dort zuzuschreiben.

Das deutsche Recht kennt neben Vermögensgegenständen und Rechnungsabgrenzungsposten auch **Bilanzierungshilfen**, d.h. bilanzielle Hilfsgrößen, die insbesondere der periodengerechten Aufwandsverrechnung dienen sollen. Zu nennen sind vor allem:

- Aufwendungen für die Ingangsetzung und Erweiterung des Geschäftsbetriebes (§§ 269 und 282 HGB) sowie der
- aktive Abgrenzungsposten für latente Steuern (§ 274 II HGB; vgl. hierzu im Detail Kap. F).

In beiden Fällen entstehen Aktiva, die unter den Asset-Begriff der internationalen Rechnungslegung fallen.

Die folgende Abbildung 37 faßt die für Aktiva geltenden Ansatzvorschriften noch einmal überblicksartig zusammen.

Aktivierungspflichten, -wahlrechte und -verbote

	IAS	HGB
Vermögensgegenstände	Pflicht	Pflicht
selbsterstellte immaterielle Vermögensgegenstände	Pflicht[2]	Verbot
Rechnungsabgrenzungsposten	Pflicht	Pflicht[1]
derivativer Geschäfts- oder Firmenwert	Pflicht	Wahlrecht
Aufwendungen für die Ingangsetzung und Erweiterung des Geschäftsbetriebs	Pflicht[2]	Wahlrecht
aktive latente Steuern	Pflicht	Wahlrecht
Disagio	Pflicht	Wahlrecht
Gründungs- und Eigenkapitalbeschaffungsaufwendungen	nicht geregelt	Verbot
originärer Geschäfts- oder Firmenwert	Verbot	Verbot

1 Wahlrecht bei Disagio 2 Aktivierung, sofern Asset-Kriterien erfüllt

Abb. 37: Aktivierungspflichten, Aktivierungswahlrechte und Aktivierungsverbote

II. Bewertung der Aktiva

1. Zentrale Bewertungsmaßstäbe

Einer der bedeutendsten Bewertungsmaßstäbe sowohl der deutschen als auch der IAS-Rechnungslegung sind die Anschaffungs- oder Herstellungskosten (AHK). Nach deutschem Recht bilden die AHK sowohl den Ausgangswert (für die Bemessung planmäßiger und außerplanmäßiger Abschreibungen) als auch die Obergrenze der Bewertung von Vermögensgegenständen (§ 253 I 1 HGB). Die Rechnungslegung nach IAS läßt dagegen alternativ auch eine (Neu-)Bewertung der Vermögensgegenstände zum Fair Value (Marktwert) zu; die AHK bilden dann nicht mehr den höchstmöglichen Wertansatz (vgl. Abb. 43 u. 46).

Anschaffungskosten (§ 255 I HGB; IAS-F.100 a; IAS 2.7 ff., 16.16 ff., 16.24 ff., 25.15 ff.; vgl. Abb. 38): Zwischen IAS und HGB bestehen hinsichtlich des Umfangs der Anschaffungskosten keine wesentlichen Unterschiede. Auch nach IAS sind bei den Anschaffungskosten nur die Einzelkosten der Anschaffung (incl. Anschaffungsnebenkosten) abzüglich etwaiger Anschaffungspreisminderungen zu berücksichtigen. Zinsen zur Anschaffungsfinanzierung sind auch nach IAS im allgemeinen keine Anschaffungsnebenkosten. Eine Ausnahme bildet die Anschaffung von Qualifying Assets, für die wahlweise Fremdkapitalkosten aktiviert werden dürfen (vgl. die analoge Vorgehensweise bei Herstellungskosten in Abb. 39, insbes. Fußnote 3).

Anschaffungskosten nach HGB und IAS			
	Anschaffungspreis	z.B.:	Kaufpreis
+	Anschaffungsnebenkosten		Montage, Verpackung
+	nachträgliche Anschaffungskosten		Aggregaterweiterung
./.	Anschaffungspreisminderungen		Rabatte, Boni, Skonti
=	**Anschaffungskosten**		

Abb. 38: Ermittlung der Anschaffungskosten nach HGB und IAS

Herstellungskosten (§ 255 II u. III HGB; IAS 2.7 ff., 16.16 ff., 23.10 ff.; vgl. Abb. 38): Die Rechnungslegung nach IAS verfolgt bei der Abgrenzung der Herstellungskosten das Vollkostenprinzip (ohne allgemeine Verwaltungskosten und Vertriebskosten zu berücksichtigen), während das deutsche Recht auch eine Bewertung zu Teilkosten gestattet.

Herstellungskosten-ansatz	§ 255 II u. III HGB			IAS 2.10		
	Pflicht	Wahlrecht	Verbot	Pflicht	Wahlrecht	Verbot
Materialeinzelkosten	•			•		
Fertigungseinzelkosten	•			•		
Sondereinzelkosten der Fertigung	•			•		
Materialgemeinkosten		•		•		
Fertigungsgemeinkosten[1]		•		•		
(plm.) Abschreibungen		•		•		
Allgemeine Verwaltungskosten		•				•
Vertriebskosten			•			•
Fremdkapitalkosten		•[2]			•[3]	

1 bei Normalkapazität

2 Die Aktivierung von Fremdkapitalkosten ist nach § 255 III 2 HGB insoweit zulässig, als die Fremdkapitalkosten auf den Zeitraum der Herstellung entfallen.

3 IAS 23.10 (Borrowing Costs) empfiehlt zwar grundsätzlich eine Behandlung der Fremdkapitalkosten als Aufwand; eine Aktivierung ist aber nach IAS 23.11 ff. alternativ zulässig, wenn die Fremdkapitalzinsen im Zusammenhang mit dem Erwerb oder der Herstellung sog. „Qualifying Assets" stehen. Hierunter versteht IAS 23.4 Vermögensgegenstände, deren Nutzungsmöglichkeit oder Verwertbarkeit erst nach geraumer Zeit gegeben ist. Als Qualifying Assets gelten neben selbsterstellten Anlagen im Bau auch Waren mit einer langen Reifezeit (z.B. Spirituosen).

Abb. 39: Bestandteile der Herstellungskosten: HGB versus IAS

Es ergeben sich die folgenden Ober- und Untergrenzen der Bewertung:

Herstellungskostenansatz nach HGB und IAS

	Materialeinzelkosten
+	Fertigungseinzelkosten
+	Sondereinzelkosten der Fertigung
=	**HGB-Herstellungskosten (Untergrenze)**
+	Materialgemeinkosten
+	Fertigungsgemeinkosten
+	Abschreibungen
(+	Fremdkapitalzinsen)
=	**IAS-Herstellungskosten**
+	Allgemeine Verwaltungskosten
=	**HGB-Herstellungskosten (Obergrenze)**

Abb. 40: Herstellungskostenobergrenze und -untergrenze: HGB versus IAS

Beizulegender Wert (§ 253 II 3 u. III 2 HGB). Hierbei handelt es sich um einen *Wertbegriff des HGB*: Sind außerplanmäßige Abschreibungen vorzunehmen, so sind diese im Anlage- wie im Umlaufvermögen idR. auf den Wert vorzunehmen, der den Gütern am Abschlußstichtag „beizulegen" ist. Dabei kann es sich um die Wiederbeschaffungs- oder Wiederherstellungskosten (Beschaffungsmarktorientierung) oder um den Nettoverkaufserlös (Absatzmarktorientierung) handeln.

Die IAS schreiben dagegen für das Umlaufvermögen grundsätzlich eine Abwertung auf den absatzmarktorientierten Wertmaßstab des Nettorealisationswertes (Definition: siehe unten) vor, während für das Anlagevermögen die dem beizulegenden Wert entsprechende Wertkategorie des „Recoverable Amount" (IAS 16.7) zum Tragen kommt.

Nettorealisationswert (Net Realisable Value; IAS 2.4; vgl. Abb. 41): Nach *IAS* wird die Bewertung der Vorräte des Umlaufvermögens grundsätzlich absatzmarktorientiert nach dem Konzept des „lower of cost and net realisable value" vorgenommen (vgl. Kap. D.II.3.). Der Nettorealisationswert bestimmt sich dabei wie folgt:

> „Net realisable value is the estimated selling price in the ordinary course of business less the estimated costs of completion and the estimated costs necessary to make the sale." (IAS 2.4)

Der in der deutschen Bilanzierung häufig als „Nettoverkaufserlös" bezeichnete, retrograd aus den Verkaufspreisen abgeleitete „beizulegende" Wertansatz unterscheidet sich vom Nettorealisationswert dadurch, daß auch die Gewinnspanne herauszurechnen ist:

	Nettorealisationswert
	geschätzter Verkaufserlös
./.	geschätzte Fertigstellungskosten
./.	Vertriebskosten
=	**Nettorealisationswert (IAS)**
./.	Gewinnspanne
=	**Nettoverkaufserlös (HGB)**

Abb. 41: Nettorealisationswert (IAS) und Nettoverkaufserlös (HGB)

Fair value (IAS 16.7, 18.7, 21.7, 22.9, 32.5). Hierbei handelt es sich um einen *reinen IAS-Wertmaßstab*: Der Fair Value beschreibt den marktorientierten Zeitwert (Tageswert, gemeiner Wert). Er ist wie folgt definiert:

> „Fair value is the amount for which an asset could be exchanged (or a liability settled) between knowledgeable, willing parties in an arm's length transaction." (IAS 16.7)

Zeitwerte, die das Anschaffungskostenprinzip (vgl. hierzu Kap. D.II.2.) verletzen, sind nach HGB unzulässig. Nach IAS können die Anschaffungskosten übersteigende Zeitwerte allerdings bei der „Neubewertung" des Sachanlagevermögens (vgl. das nachfolgende Kap. D.II.2.) oder bei Wertpapieren des Anlage- und Umlaufvermögens (vgl. Kap. D.II.3.) zum Zuge kommen.

2. Bewertung des Anlagevermögens

Gegenstände des Anlagevermögens (Non-Current Assets) werden dauerhaft genutzt. Zu unterscheiden ist dabei zwischen solchen Gegenständen, die abnutzbar sind (z.B. maschinelle Anlagen, Gebäude) und solchen Gegenständen, die nicht-abnutzbar sind (z.B. Grundstücke, Finanzanlagen). Abnutzbare Gegenstände unterliegen einem ständigen Verschleiß und sind daher über die Zeitdauer ihrer Nutzung *planmäßig* abzuschreiben. Darüber hinaus können Wertminderungen unregelmäßig auftreten, z.B. als Folge eines Preisverfalls oder eines Katastrophenverschleißes; in diesem Fall sind abnutzbare und nicht-abnutzbare Gegenstände *außerplanmäßig* abzuschreiben.

Bewertungskonzepte: Die Bewertung des Anlagevermögens *nach HGB* erfolgt für alle Gegenstände des Anlagevermögens zwingend nach dem Anschaffungskostenprinzip: Die Anschaffungs- oder Herstellungskosten bilden den Ausgangspunkt und den möglichen Höchstwert der Bewertung (vgl. Abb. 42).

Die *Rechnungslegung nach IAS* (vgl. Abb. 43) empfiehlt für das Sachanlagevermögen und das immaterielle Anlagevermögen, analog zum HGB, eine Bewertung zu den fortgeführten Anschaffungs- oder Herstellungskosten (Benchmark Treatment), läßt alternativ (Alternative Treatment) aber auch die nach HGB unzulässige Neubewertungsmethode zu.

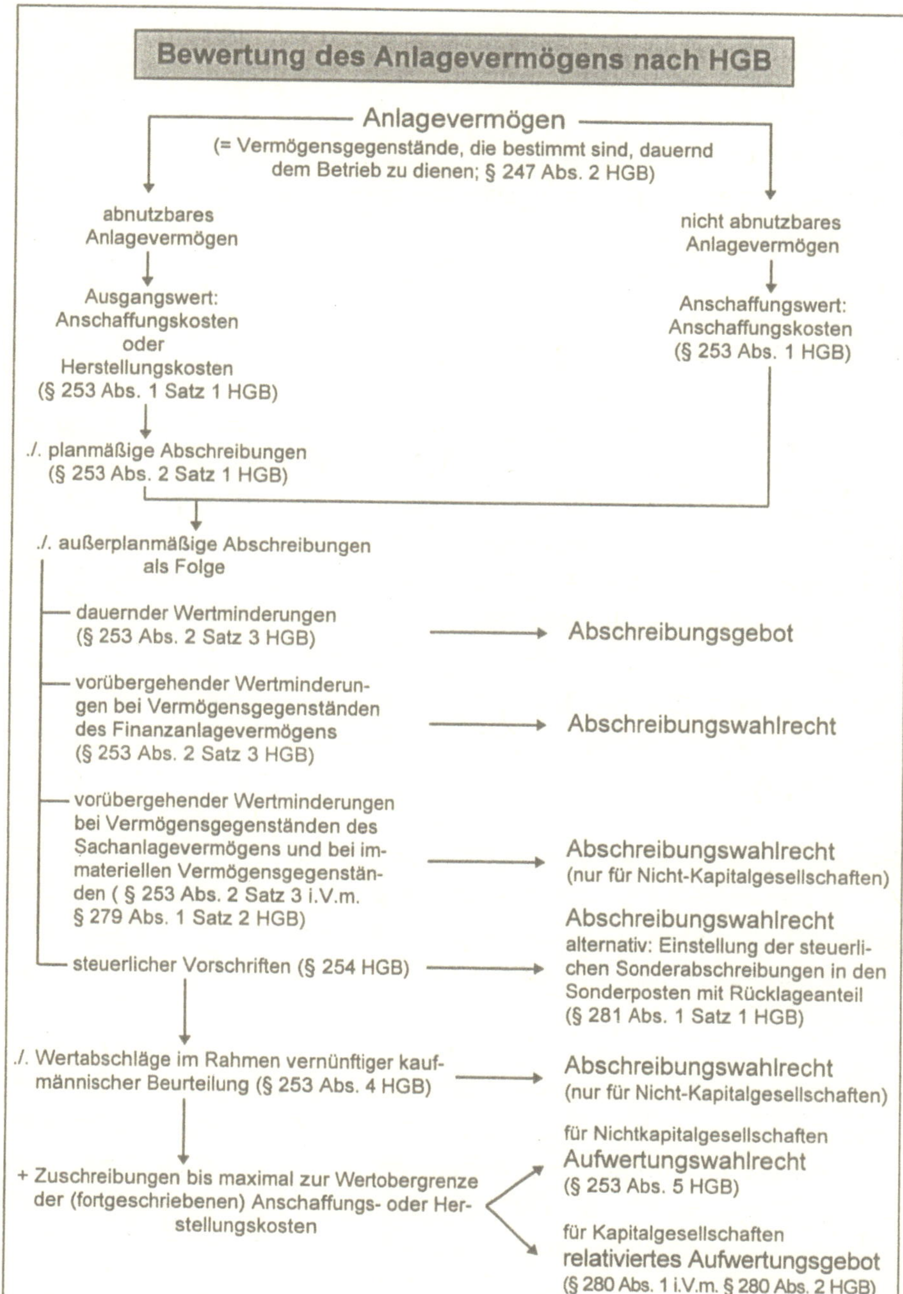

Abb. 42: Bewertung des Anlagevermögens nach HGB
Quelle: Kessler (1996), S. 18.

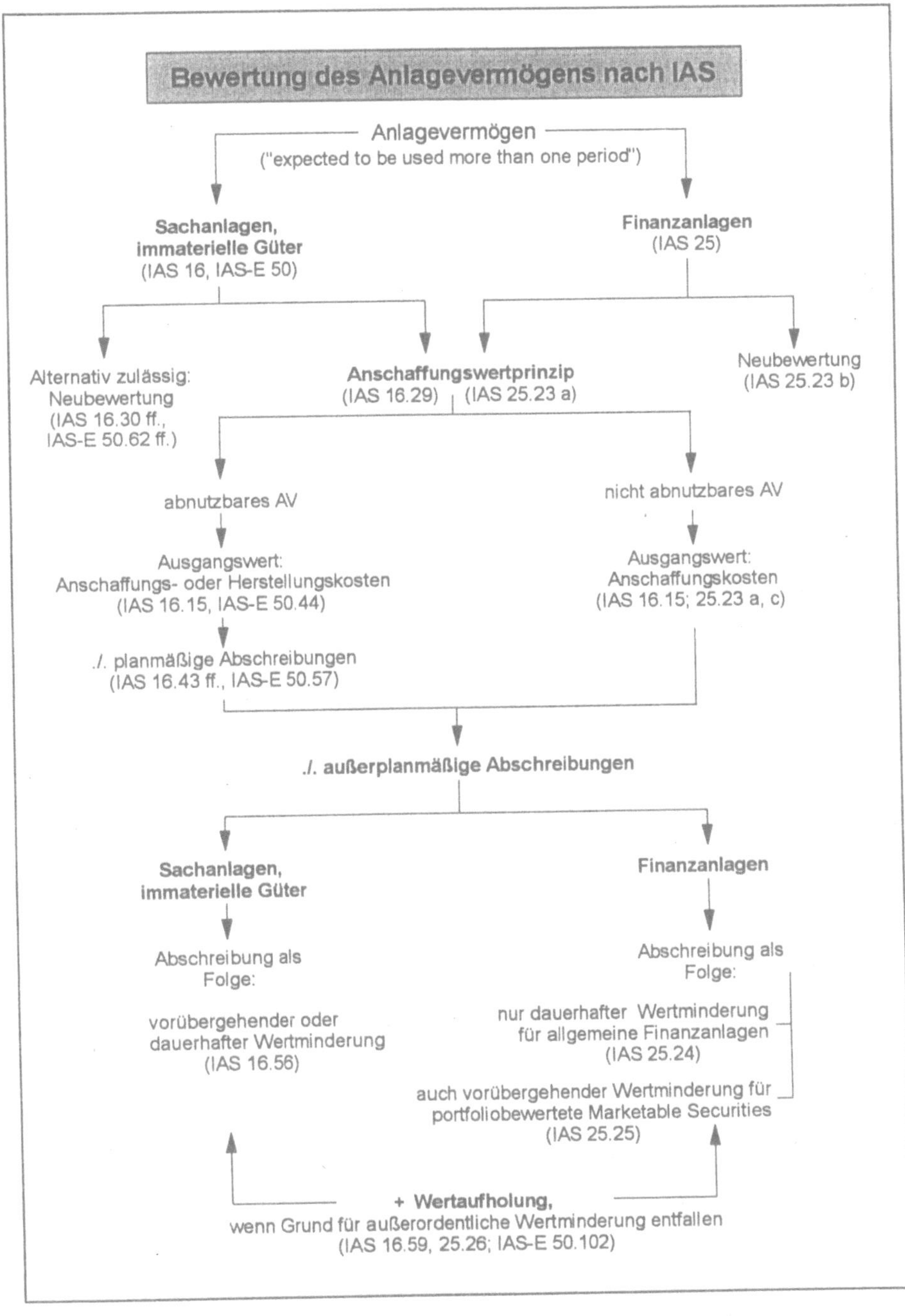

Abb. 43: Bewertung des Anlagevermögens nach IAS

Nach der *Neubewertungsmethode* (Revaluation Method; IAS 16.30 ff., 25.23 b) sind die Vermögensgegenstände zu Zeitwerten (Fair Value) anzusetzen. Ein die (fortgeführten) Anschaffungs- oder Herstellungskosten übersteigender Zeitwert ist erfolgsneutral in eine ausschüttungsgesperrte Neubewertungsrücklage einzustellen (IAS 16.39; 25.32). Die Neubewertung erlaubt die Offenlegung stiller Reserven, ohne daß die Unternehmenssubstanz durch Ausschüttung dieser Reserven beeinträchtigt werden kann. Die Neubewertungsmethode wird am Ende dieses Kapitels anhand eines Beispiels detailliert erläutert.

Finanzanlagen können nach IAS 25.23 wahlweise bewertet werden nach:

- dem Anschaffungskostenprinzip (at cost),
- der Neubewertungsmethode oder
- im Fall börsengängiger Wertpapiere: mit einem auf Portfoliobasis bestimmten niedrigeren Wert aus Anschaffungskosten und Marktpreis.

Außerplanmäßige Abschreibungen: *Nach HGB* besteht für alle Gegenstände des Anlagevermögens bei voraussichtlich *dauerhaften Wertminderungen* die Verpflichtung zur außerplanmäßigen Abschreibung auf den niedrigeren beizulegenden Wert (§ 253 II 3 HGB). Eine Abschreibung wegen vorübergehender Wertminderung dürfen Kapitalgesellschaften nur für Finanzanlagen vornehmen (§ 279 I 2 iVm. § 253 II 3 HGB). Wahlweise zulässig sind nach § 254 HGB auch steuerrechtliche Abschreibungen, wenn ihre steuerrechtliche Anerkennung von einem entsprechenden handelsbilanziellen Ansatz abhängig gemacht wird („umgekehrte Maßgeblichkeit"; § 279 II HGB). Für Nicht-Kapitalgesellschaften gelten erleichternde Vorschriften (vgl. Abb. 42).

In der *Rechnungslegung nach IAS* sind für Sachanlagen und immaterielle Vermögensgegenstände außerplanmäßige Wertherabsetzungen – entgegen dem HGB – auch dann vorzunehmen, wenn sie nur von vorübergehender Natur sind (IAS 16.56). Andererseits sind Finanzanlagen, sofern sie nach dem Anschaffungskostenprinzip bewertet werden, grundsätzlich *nur* bei voraussichtlich dauerhaften Wertminderungen außerplanmäßig abzuschreiben (IAS 25.24; vgl. Abb. 43).

Wertaufholung: Entfallen die Gründe für eine ursprünglich vorgenommene außerplanmäßige Abschreibung, so besteht für Kapitalgesellschaften nach *deutschem Recht* ein Wertaufholungsgebot (§ 280 I HGB), das jedoch faktisch ein Wahlrecht darstellt, da vom Wertaufholungsgebot abgesehen werden kann, wenn der niedrigere Wert in der Steuerbilanz beibehalten werden kann und die Beibehaltung in der Steuerbilanz den Verzicht auf die Zuschreibung in der Handelsbilanz voraussetzt („umgekehrte Maßgeblichkeit"; § 280 II HGB; vgl. Abb. 42).

Bei Gegenständen des Anlagevermögens besteht nach *IAS* im allgemeinen ein strenges Wertaufholungsgebot bei Wegfall der Abwertungsgründe (vgl. Abb. 43). Lediglich bei Finanzanlagen, die nach dem Anschaffungswertprinzip (at cost) bewertet wurden, ist eine Wertaufholung nach Wegfall der Abschreibungsgründe zwar empfohlen, aber nicht zwingend vorzunehmen (IAS 25.26).

Planmäßige Abschreibungen dienen dazu, bei abnutzbarem Anlagevermögen die durch die Nutzung entstehenden Wertminderungen periodengerecht zu erfassen: Die Anschaffungs- oder Herstellungskosten eines Vermögensgegenstandes werden als Aufwand systematisch auf den Zeitraum der Nutzung verteilt. Die Höhe der jährlichen Abschreibungen wird bestimmt durch die (voraussichtliche) wirtschaftliche Nutzungsdauer und die Abschreibungsmethode (vgl. hierzu Abb. 44).

Im Hinblick auf planmäßige Abschreibungen bestehen zwischen IAS und HGB keine wesentlichen Unterschiede. Allerdings ist der hierzulande gängige und idR. steuerlich motivierte Wechsel von der degressiven in die lineare Methode (degressiv-lineare Abschreibung) nur dann zulässig, wenn er sich ökonomisch begründen läßt. Da in der Rechnungslegung nach IAS Handels- und Steuerbilanzierung streng getrennt sind, dürfen sich in einem IAS-Abschluß keine steuerlich begründeten Abschreibungen befinden.

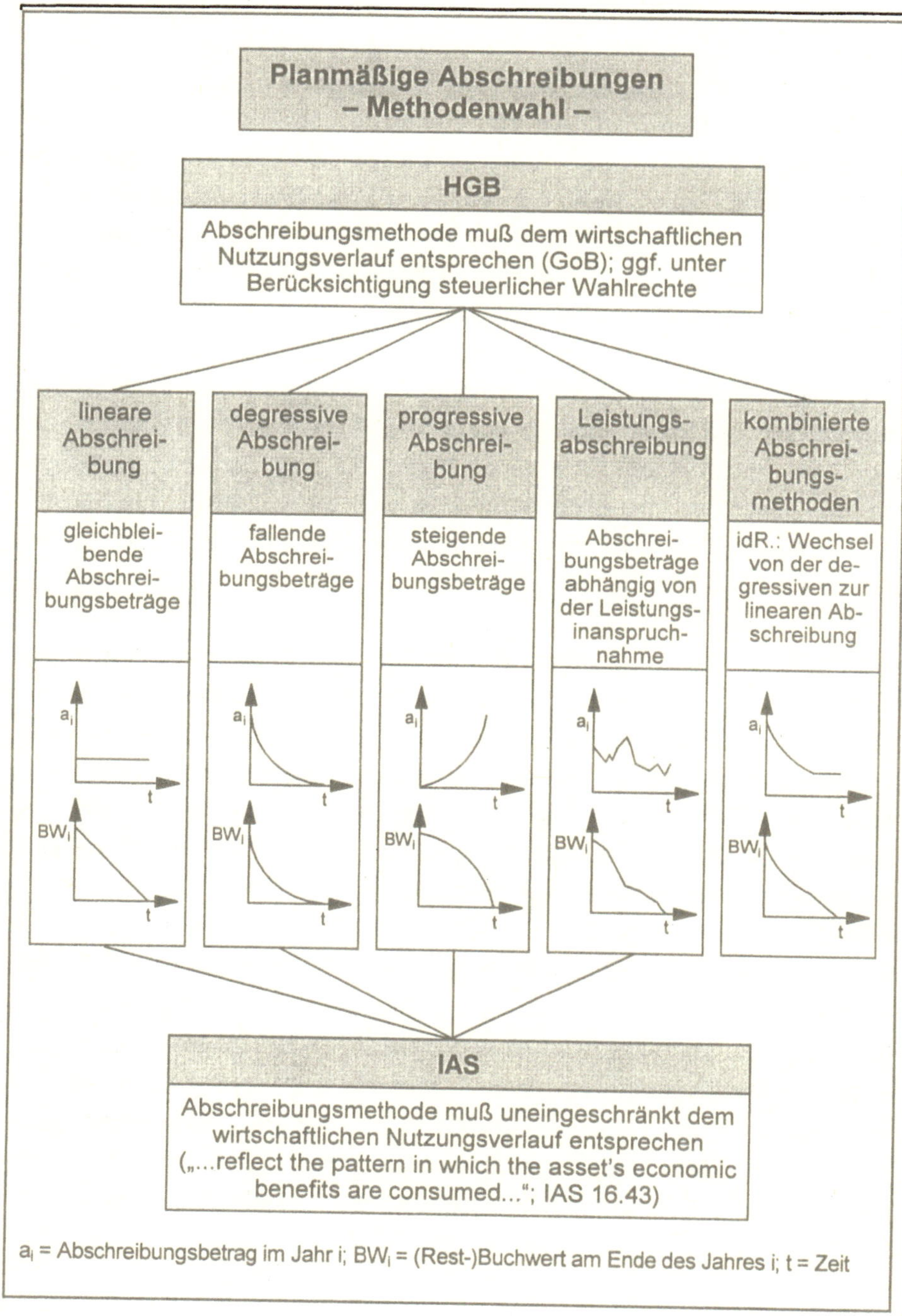

Abb. 44: Methoden planmäßiger Abschreibungen nach HGB und IAS

Abgesehen von der grundsätzlichen Orientierung der planmäßigen Abschreibung am individuellen Nutzenverlauf des einzelnen Vermögensgegenstandes, gelten aus Objektivierungsgründen *nach IAS für immaterielle Vermögensgegenstände* die folgenden *maximalen Abschreibungszeiträume*:

Aktivierte Entwicklungskosten:	im allgemeinen 5 Jahre (IAS 9.23)
Goodwill aus Konsolidierung:	im allgemeinen 5, maximal 20 Jahre (IAS 22.42)
Sonstige immaterielle Aktiva:	im allgemeinen 20 Jahre (IAS-E 50.80)

Beispiel zur Neubewertung (Exkurs): Die dem deutschen Bilanzrecht unbekannte Neubewertungsmethode soll im folgenden an einfachen Beispielsrechnungen verdeutlicht werden. Gegeben sei die folgende Ausgangssituation:

Das Anlagevermögen eines Unternehmens A bestehe lediglich aus einem Grundstück mit Anschaffungskosten von 2.000 DM. Grundstücke sind zeitlich unbegrenzt nutzbar und unterliegen daher keiner planmäßigen Abschreibung. Es ergibt sich das folgende Bilanzbild:

A-Bilanz zum Stichtag t = 0			
Grundstück	2.000	Gezeichnetes Kapital	1.000
sonstige Aktiva	4.000	Fremdkapital	5.000
	6.000		6.000

Am Ende der Periode 1 wird das Grundstück neubewertet. Der aktuelle Marktwert des Grundstücks beträgt zum Bilanzstichtag DM 3.000.

A-Bilanz zum Stichtag t = 1			
Grundstück	3.000	Gezeichnetes Kapital	1.000
		Neubewertungsrücklage	1.000
sonstige Aktiva	4.000	Fremdkapital	5.000
	7.000		7.000

Die Neubewertung bewirkt sowohl auf der Aktiv- als auch auf der Passivseite eine Werterhöhung. Auf der Aktivseite wird der tatsächliche Marktwert des Grundstücks angesetzt, der 1.000 DM über den Anschaffungskosten liegt. Diese Zuschreibung auf den Marktwert des Grundstücks wird durch die Bildung einer ausschüttungsgesperrten Neubewertungsrücklage erfolgsmäßig neutralisiert; der Neubewertungsvorgang hat damit insgesamt keine Ergebniswirkung.

In der Periode 2 verfällt der Grundstückswert auf DM 1.500, worauf wiederum eine Neubewertung des Grundstücks zum Bilanzstichtag vorgenommen wird:

A-Bilanz zum Stichtag t = 2			
Grundstück	1.500	Gezeichnetes Kapital	1.000
		Neubewertungsrücklage	0
		Jahresfehlbetrag	– 500
sonstige Aktiva	4.000	Fremdkapital	5.000
	5.500		5.500

Hat die Neubewertung eine Verminderung des Buchwertes zufolge (außerplanmäßige Abschreibung), so ist die Wertminderung zunächst gegen eine aus früheren Neubewertungen stammende Rücklage (erfolgsneutral) zu verrechnen, bis die fortgeführten Anschaffungskosten erreicht sind; erst die darüber hinausgehenden Wertminderungen sind als Abschreibungsaufwand erfolgswirksam zu erfassen.

Dies bedeutet: Gleichzeitig mit der neubewertungsbedingten Wertherabsetzung von DM 1.500 ist die Neubewertungsrücklage in Höhe von DM 1.000 vollständig aufzulösen. Damit resultiert aus dem Neubewertungsvorgang lediglich eine Erfolgsbelastung in Höhe von DM 500.

Bei Veräußerung neubewerteter Vermögensgegenstände wird im übrigen eine bestehende Neubewertungsrücklage sofort in die ausschüttungsfähige Gewinnrücklage (Retained Earnings) umgegliedert (IAS 16.30, 16.39 f.).

Der Fall gestaltet sich komplizierter, wenn planmäßige Abschreibungen zu berücksichtigen sind: Das Anlagevermögen bestehe beim Unternehmen B aus einem Gebäude, das über 50 Jahre linear abzuschreiben ist. Die ursprünglichen Anschaffungs- oder Herstellungskosten betrugen DM 4.000; nach Ablauf der Hälfte der Abschreibungsdauer (am Ende der Periode 25) ergibt sich folgendes Bilanzbild:

B-Bilanz zum Stichtag t = 25 (ohne Neubewertung)			
Gebäude	2.000	Gezeichnetes Kapital	1.000
sonstige Aktiva	4.000	Fremdkapital	5.000
	6.000		6.000

Anstatt das Gebäude mit seinen fortgeführten Anschaffungs- oder Herstellungskosten anzusetzen, soll das Gebäude neubewertet werden

(Marktwert von DM 5.000). Daraus ergibt sich die folgende Bilanz (nach Neubewertung):

B-Bilanz zum Stichtag t = 25 (mit Neubewertung)			
Gebäude	5.000	Gezeichnetes Kapital	1.000
		Neubewertungsrücklage	3.000
sonstige Aktiva	4.000	Fremdkapital	5.000
	9.000		9.000

In der anschließenden Periode 26 ergibt sich bei Anwendung der Neubewertungsmethode als Folge der planmäßigen Abschreibung die folgende Bilanz:

B-Bilanz zum Stichtag t = 26 (mit Neubewertung)			
Gebäude [5.000 ./. (1/25 * 5.000)]	4.800	Gezeichnetes Kapital	1.000
		Neubewertungsrücklage [3.000 ./. (1/25 * 3.000)]	2.880
		Jahresfehlbetrag [200 ./. 120]	- 80
sonstige Aktiva	4.000	Fremdkapital	5.000
	8.800		8.800

Die bilanzielle Wertminderung des Gebäudes (DM 200) errechnet sich auf der Basis des Neuwerts. Erfolgswirksam als Abschreibung in der Gewinn- und Verlustrechnung erfaßt wird dabei allerdings nur der auf die historischen Anschaffungskosten gerechnete Abschreibungsaufwand in Höhe von DM 80 (DM 4.000 : 50 Jahre = DM 80). In Höhe des Differenzbetrags von 120 erfolgt eine Auflösung der Neubewertungsrücklage. Eine Ertragsbelastung durch planmäßige Abschreibungen erfolgt somit in gleicher Höhe wie nach dem Prinzip der fortgeführten Anschaffungskosten.

3. Die Bewertung des Umlaufvermögens

Die Bewertung des Umlaufvermögens nach HGB und IAS ist dargestellt in den folgenden Abbildungen 45 und 46.

Das **deutsche Handelsrecht** schreibt auch für die Bewertung des Umlaufvermögens zwingend das Anschaffungswertprinzip vor. Ausgehend von den Anschaffungs- oder Herstellungskosten (vgl. Abb. 45)

a) ist nach dem strengen Niederstwertprinzip *verpflichtend* auf bestimmte niedrigere Werte abzuschreiben (Börsen- oder Marktpreis oder falls dieser nicht ermittelbar: beizulegender Wert; § 253 III 1 u. 2 HGB);
b) darüber hinaus sind nach HGB *für Kapitalgesellschaften* die folgenden weitergehenden Abwertungen *wahlweise zulässig*:
   - auf einen sogenannten Schwankungsreservewert (wenn innerhalb der nächsten zwei Jahre Wertabschläge „wegen erwarteter Wertschwankungen" notwendig werden, § 253 III 3 HGB);
   - auf einen niedrigeren Steuerbilanzwert (sofern die umgekehrte Maßgeblichkeit gegeben ist; § 279 II iVm. § 254 HGB).

Der *beizulegende Wert* im Umlaufvermögen kann beschaffungsmarktorientiert (Wiederbeschaffungs- oder Wiederherstellungskosten) oder absatzmarktorientiert (Nettoverkaufserlös bei verlustfreier Bewertung) ermittelt werden. Im allgemeinen ist der niedrigere der beiden Werte anzusetzen (doppelter Niederstwerttest).

Entfallen die Gründe für eine ursprünglich vorgenommene außerplanmäßige Abschreibung, so gilt, ebenso wie im Anlagevermögen, im Umlaufvermögen für Kapitalgesellschaften faktisch *ein Wahlrecht zur Wertaufholung* (vgl. Abb. 45).

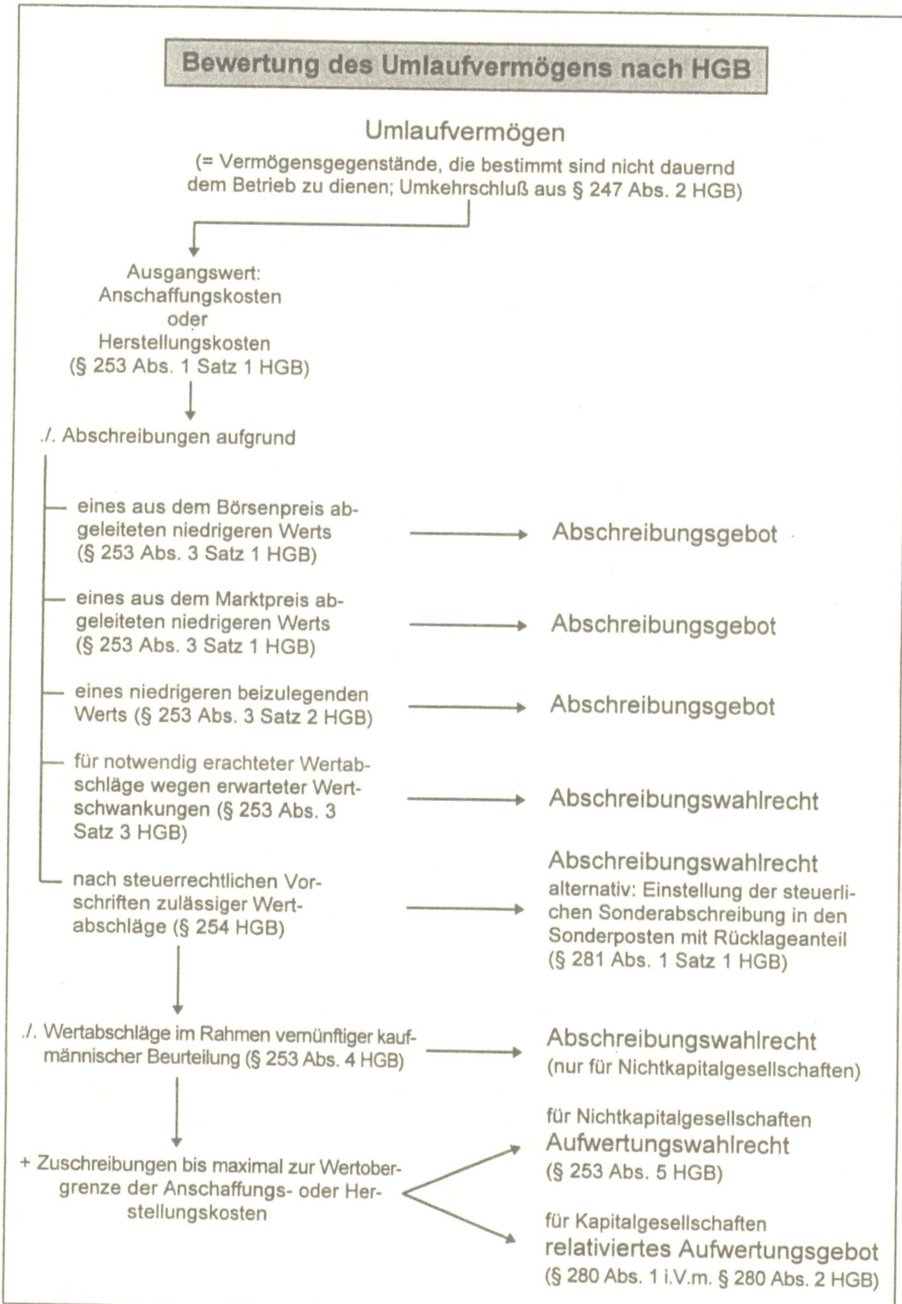

Abb. 45: Bewertung des Umlaufvermögens nach HGB
Quelle: Kessler (1996), S. 19.

Die Bewertung des Umlaufvermögens **nach IAS** ist dargestellt in Abbildung 46. Detailliert geregelt hat das IASC bislang die Bewertung von Vorräten in IAS 2 und die Bewertung von Wertpapieren (des Umlaufvermögens) in IAS 25.

Bei der *Bewertung von Vorräten* gilt das grundlegende Bewertungsprinzip „lower of cost and net realisable value“ (IAS 2.6). Es ist der niedrigere der beiden Wertmaßstäbe anzusetzen. Dies entspricht im Kern dem deutschen (strengen) Niederstwertprinzip: Von den Anschaffungs- oder Herstellungskosten ausgehend sind Abwertungen auf einen niedrigeren Net Realisable Value (Nettorealisationswert) vorzunehmen. Der Nettorealisationswert ermittelt sich als Verkaufserlös abzüglich der Fertigstellungs- und Vertriebskosten und unterscheidet sich vom Nettoverkaufserlös der deutschen Bilanzierung (absatzmarktorientierte Ermittlung des beizulegenden Wertes) durch den fehlenden Abzug der Gewinnmarge (vgl. Kap. D.II.1.).

Vom Grundsatz der Bewertung von Vorräten zum niedrigeren Nettorealisationswert darf nur bei Roh-, Hilfs- und Betriebsstoffen abgewichen werden: Diese dürfen nur dann mit einem niedrigeren Wert angesetzt werden, wenn der Nettorealisationswert der mit den jeweiligen Materialien hergestellten Erzeugnisse unter die Anschaffungs- oder Herstellungskosten der Materialien gefallen ist. Liegt ein solcher Fall vor, dann dürfen die Roh-, Hilfs- und Betriebsstoffe mit ihren niedrigeren Wiederbeschaffungs- oder Wiederherstellungskosten bewertet werden (IAS 2.29).

Weitergehende zulässige Abwertungswahlrechte wie im deutschen Recht (Schwankungsreservewert, steuerlicher Wert) existieren nach IAS nicht; eine Wertaufholung bei Wegfall der Abwertungsgründe ist entgegen der HGB-Regelung verpflichtend (IAS 2.31). Zuschreibungen über die Anschaffungs- oder Herstellungskosten hinaus sind bei den Vorräten unzulässig.

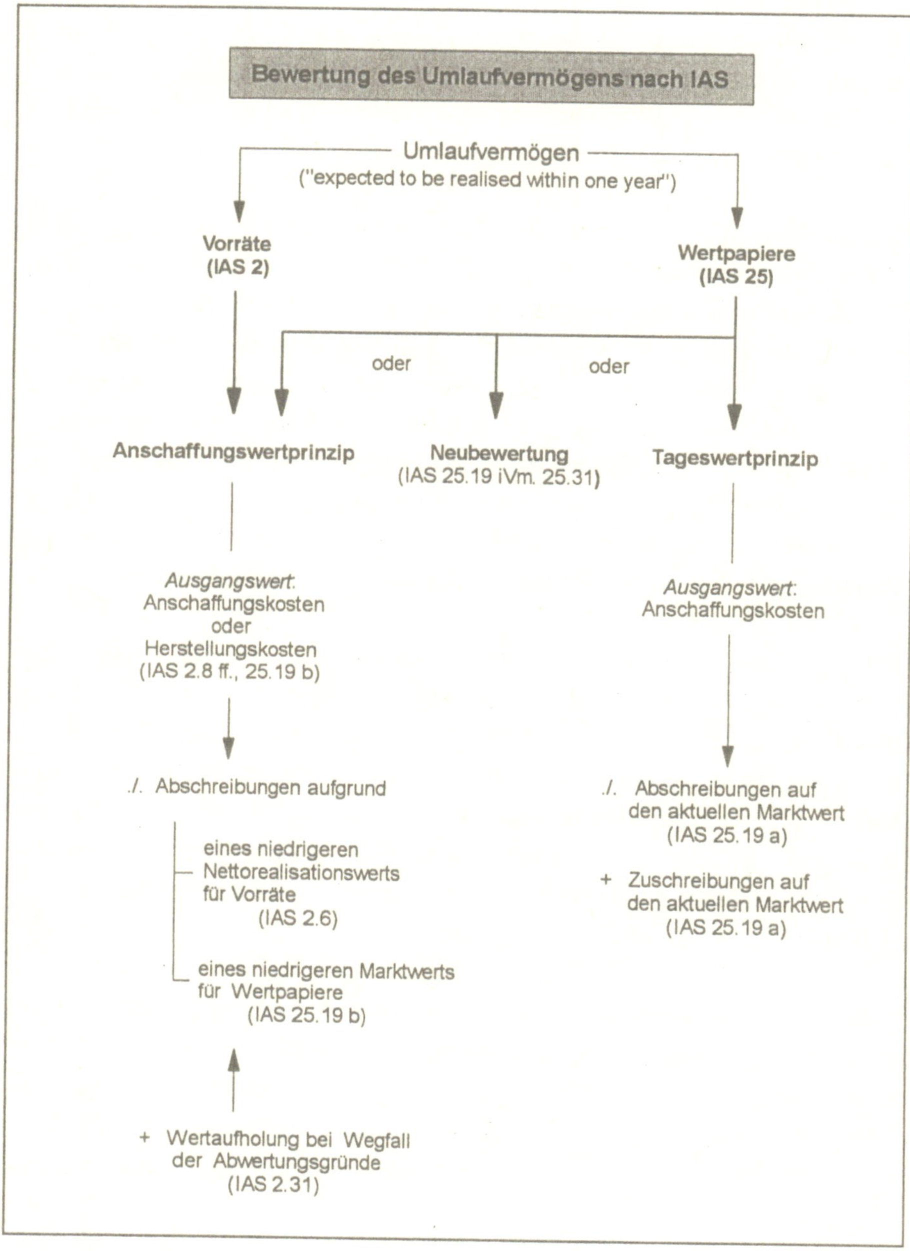

Abb. 46: Bewertung des Umlaufvermögens nach IAS

Bei der Bewertung von *Wertpapieren des Umlaufvermögens* ist es zulässig, zwischen drei Bewertungsmethoden gleichberechtigt zu wählen (IAS 25.19 u. 25.31):

- einer Bewertung nach dem Anschaffungswertprinzip mit der Pflicht, auch temporäre Wertminderungen rechnerisch zu erfassen,
- der Neubewertungsmethode (ausschüttungsgesperrte Rücklage) sowie
- einer Bewertung zu Zeitwerten, die entgegen dem deutschen Recht auch (erfolgswirksame) Zuschreibungen über die Anschaffungskosten hinaus erlaubt (Erfassung unrealisierter Gewinne).

Forderungen sind grundsätzlich mit ihren Anschaffungskosten, d.h. in der Regel mit ihrem Nennbetrag anzusetzen (IAS-F.100 a). Im Hinblick auf Forderungen ist anzumerken, daß Währungsforderungen, anders als im deutschen Recht (Imparitätsprinzip), nach IAS ausschließlich mit dem Stichtagskurs umzurechnen sind, auch wenn die umgerechneten Beträge der Forderung dann deren Anschaffungskosten übersteigen (IAS 21.11 a). Dies gilt analog für die Verbindlichkeiten (vgl. Kap E.III.).

Unfertige Erzeugnisse: Gewinne, die im Zusammenhang mit langfristigen Fertigungsvorhaben entstehen, sind nach dem jeweiligen Fertigstellungsgrad anteilsmäßig erfolgswirksam zu erfassen (*Percentage-of-Completion Method*), sofern der Fertigstellungsgrad und die damit zusammenhängenden Kosten und Erlöse mit ausreichender Sicherheit festgestellt werden können (IAS 11. 22 ff.). Die Teilgewinnrealisierung nach der Percentage-of-Completion Method hat schon dann zu erfolgen, wenn zwischen dem Beginn der Herstellung und der Fertigstellung des Vermögensgegenstandes ein Bilanzstichtag liegt.

Das deutsche Realisationsprinzip (§ 253 I Nr. 4 HGB) verbietet im allgemeinen eine Teilgewinnrealisierung. Im Regelfall wird bei langfristigen Fertigungsvorhaben nach HGB daher die *Completed-Contract Method* anzuwenden sein: Die Gewinnrealisierung wird hierbei vollständig in jenes Geschäftsjahr verlegt, in dem der vertragliche Projektabschluß und damit der Risikoübergang stattfindet.

In der deutschen sowie in der IAS-Rechnungslegung bildet die Einzelbewertung der Güter den Regelfall der Wertfeststellung. Weil die Einzelbewertung in bestimmten Fällen zu einem unangemessen hohen Aufwand führen würde, werden insbesondere für Vorratsgegenstände *Bewertungsvereinfachungen* zugelassen. Für gleichartige Vorräte enthält IAS 2.19 ff. sogar die Verpflichtung, eine der zulässigen Bewertungsvereinfachungsverfahren anzuwenden (Ausnahme: projektbezogen angeschaffte oder hergestellte Vorräte).

Abbildung 47 zeigt im Überblick maßgebliche Verfahren der Bewertungsvereinfachung auf; Abbildung 48 greift daraus noch einmal detailliert die Verbrauchsfolgeverfahren heraus. Die Abbildungen zeigen, daß die International Accounting Standards

- die Bewertungsvereinfachungen Fifo und Bewertung zum gewogenen Durchschnitt als Benchmark-Methoden empfehlen (IAS 2.21 f.),
- die Lifo-Methode ebenso wie die Standardkostenmethode und die Methode retrograder Wertermittlung (Retail Method) lediglich als Alternativmethoden zulassen (IAS 2.23 f.).

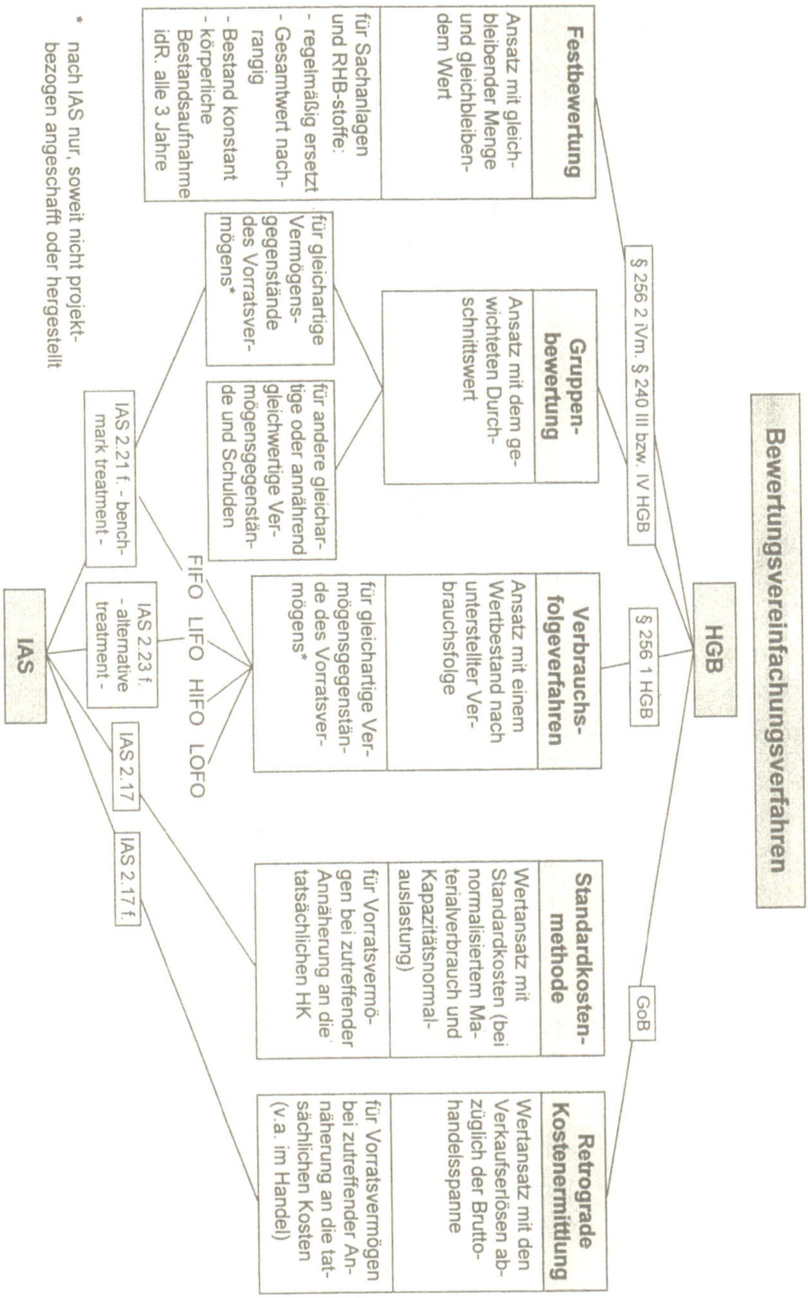

Abb. 47: Bewertungsvereinfachungsverfahren: HGB versus IAS

Verbrauchfolgeverfahren				
	FIFO (First In First Out)	**LIFO** (Last In First Out)	**HIFO** (Highest In First Out)	**LOFO** (Lowest In First Out)
Verbrauchsfolge	zuerst beschafft wird zuerst verbraucht	zuletzt beschafft wird zuerst verbraucht	beschafft mit höchsten AHK wird zuerst verbraucht	beschafft mit niedrigsten AHK wird zuerst verbraucht
Endbestandsbewertung	Werte zuletzt beschaffter Mengen	Werte zuerst beschaffter Mengen	zu niedrigsten Wertansätzen	zu höchsten Wertansätzen
Wertansätze bei steigenden Preisen	hoch	niedrig	niedrigstmöglich	höchstmöglich
HGB	zulässig	zulässig	zulässig	zulässig
IAS	empfohlen	alternativ zulässig	unzulässig	unzulässig

Abb. 48: Verbrauchsfolgeverfahren: HGB versus IAS

E. Bilanzierung und Bewertung der Passiva: HGB versus IAS

I. Bilanzierung der Passiva: Ansatz und Gliederung

Die Passivseite der Bilanz umfaßt das bilanzielle Eigenkapital, die Schulden und passive Rechnungsabgrenzungsposten. Schulden lassen sich der *HGB-Terminologie* folgend in Verbindlichkeiten und Rückstellungen („ungewisse Schulden") untergliedern. Im Detail stellt sich die Passivseite der HGB-Bilanz wie in Abbildung 49 dar.

Als passive Rechnungsabgrenzungsposten sind dabei „Einnahmen vor dem Abschlußstichtag auszuweisen, soweit sie Ertrag für eine bestimmte Zeit nach diesem Tag darstellen" (§ 250 II HGB). Als Beispiele sind zu nennen: im voraus erhaltene Miete, Pacht, Zinsen u.a. Diese erhaltenen Zahlungen begründen eine Leistungsverpflichtung.

Schulden (*Liabilities*) sind *nach IAS* wirtschaftliche Verpflichtungen gegenüber Dritten, die zu einem „Ressourcenabfluß" führen:

> „A liability is a present obligation of the enterprise arising from past events, the settlement of which is expected to result in an outflow from the enterprise of resources embodying economic benefits." (IAS-F.49)

Liabilities sind dann zu passivieren, wenn angenommen werden kann („*probable*"), daß eine wirtschaftliche Verpflichtung vorliegt und die Verpflichtung zuverlässig quantifizierbar ist.

Die IAS-Rechnungslegung sieht die Rechnungsabgrenzungsposten nicht als eigenständiges Element des Jahresabschlusses an: Ebenso wie die aktiven Rechnungsabgrenzungsposten den Assets zugeordnet werden, fallen die passiven Rechnungsabgrenzungsposten unter den Liability-Begriff.

Passivseite gemäß § 266 III HGB

A. Eigenkapital:

I. Gezeichnetes Kapital;

II. Kapitalrücklage;

III. Gewinnrücklagen:

1. gesetzliche Rücklage;
2. Rücklage für eigene Anteile;
3. satzungsmäßige Rücklagen;
4. andere Gewinnrücklagen;

IV. Gewinnvortrag/Verlustvortrag;

V. Jahresüberschuß/Jahresfehlbetrag.

B. Rückstellungen:

1. Rückstellungen für Pensionen und ähnliche Verpflichtungen;
2. Steuerrückstellungen;
3. sonstige Rückstellungen;

C. Verbindlichkeiten:

1. Anleihen,
davon konvertibel;
2. Verbindlichkeiten gegenüber Kreditinstituten;
3. erhaltene Anzahlungen auf Bestellungen;
4. Verbindlichkeiten aus Lieferungen und Leistungen;
5. Verbindlichkeiten aus der Annahme gezogener Wechsel und der Ausstellung eigener Wechsel;
6. Verbindlichkeiten gegenüber verbundenen Unternehmen;
7. Verbindlichkeiten gegenüber Unternehmen, mit denen ein Beteiligungsverhältnis besteht;
8. sonstige Verbindlichkeiten,
davon aus Steuern,
davon im Rahmen der sozialen Sicherheit.

D. Rechnungsabgrenzungsposten.

Abb. 49: Passivseite der Bilanz nach HGB

Nach den International Accounting Standards sind nur Verpflichtungen gegenüber Dritten (Außenverpflichtungen) passivierungsfähig und -pflichtig. Die gemäß HGB zulässigen Aufwandsrückstellungen (Innenverpflichtungen) dürfen daher nicht passiviert werden (vgl. auch Kap. E.III.).

II. Eigenkapital

Für das bilanzielle Eigenkapital fordert das *HGB* die in Abb. 50 dargestellten Gliederungs- und Ausweispflichten, die hier nicht im Detail dargelegt werden.

Das gesetzliche Gliederungs- und Ausweisschema des § 272 HGB geht von der Aufstellung des Jahresabschlusses vor Ergebnisverwendungsentscheidungen aus, wie es auch nach internationalem Recht üblich ist. Im Eigenkapital auszuweisen sind in diesem Fall die Posten „Jahresüberschuß" („Jahresfehlbetrag") und „Gewinnvortrag" („Verlustvortrag"). Der Gewinnvortrag ist dabei jener Teil des Jahresüberschusses vergangener Jahre, der weder zur Ausschüttung noch zur Rücklagenzuführung verwendet wurde. Der Verlustvortrag umfaßt aufgelaufene Verluste der Vorjahre.

Häufig wird die HGB-Bilanz aber unter (teilweiser) Verwendung des Jahresergebnisses (Einstellung in die Gewinnrücklagen) aufgestellt. In diesem Fall tritt an die Stelle der Posten „Jahresüberschuß/Jahresfehlbetrag" und „Gewinnvortrag/Verlustvortrag" der Posten „Bilanzgewinn/ Bilanzverlust" (§ 268 I HGB).

Bilanzielles Eigenkapital nach HGB und IAS			
	HGB		IAS
EIGEN-KAPITAL	Gezeichnetes Kapital (§ 272 I HGB) = Grund-/Stammkapital **oder**	Gezeichnetes Kapital ./. nicht eingeforderte ausstehende Einlagen = eingefordertes Kapital (§ 272 I HGB)	Gezeichnetes Kapital (Share Capital) mit umfangreichen aktiengattungsbezogenen Status- und Veränderungsangaben (IAS 5.17 a)
	Kapitalrücklage (§ 272 II HGB)	aus Aufgeld der Anteilsausgabe (§ 272 II Nr. 1 HGB)	Kapitalrücklage (Capital Reserves) (IAS 5.17 b)
		aus Aufgeld bei Wandel-/Optionsanleihen (§ 272 II Nr. 2 HGB)	
		aus Vorzugsgewährung (§ 272 II Nr. 3 HGB)	
		aus anderen Zuzahlungen (§ 272 II Nr. 4 HGB)	
		ggf. aus eingeforderten Nachschüssen (§ 42 II GmbHG)	
	Gewinnrücklage (§ 272 III HGB) untergliederungspflichtig nach § 266 III HGB	gesetzliche Rücklage (§ 150 AktG)	Gewinnrücklage und Gewinn-/Verlustvortrag (Retained Earnings) (IAS 5.17 b)
		Rücklage für eigene Anteile (§§ 272 IV HGB, 33 GmbHG)	
		satzungsmäßige Rücklagen	
		andere Gewinnrücklagen (§§ 58 AktG, 29 GmbHG)	
	Gewinn-/Verlustvortrag (§§ 266 III, 268 I HGB) **oder**	Bilanzgewinn/-verlust (§ 268 I HGB)	
	Jahresüberschuß/-fehlbetrag (§ 266 III HGB)		Jahresüberschuß (Net Income)
	Neubewertungsrücklage: nach HGB unzulässige Rücklage		Neubewertungsrücklage (Revaluation Reserve)

Abb. 50: Bilanzielles Eigenkapital: HGB versus IAS

Die *IAS* enthalten kein derart starres Gliederungsschema; auszuweisen sind, neben dem Gezeichneten Kapital (Share Capital), Kapitalrücklagen (Capital Reserves), einbehaltene Gewinne (Retained Earnings) sowie gegebenenfalls eine ausschüttungsgesperrte Neubewertungsrücklage, falls bei der Bewertung des Anlagevermögens die Neubewertungsmethode in Anspruch genommen wurde (vgl. hierzu Kap. D.II.2.). Die Retained Earnings entstehen durch Gewinnthesaurierung und umfassen einerseits die Gewinnrücklagen und andererseits den Gewinn-/Verlustvortrag (vgl. Abb. 50).

III. Verbindlichkeiten und Rückstellungen

Das HGB unterscheidet im Fremdkapital zwischen Verbindlichkeiten und Rückstellungen. Letztere sind Schulden, deren Entstehung und/oder Beträge ungewiß sind. Verbindlichkeiten sind zu ihrem Rückzahlungsbetrag, Pensionsrückstellungen zum Barwert, sonstige Rückstellungen zu dem Betrag anzusetzen, der nach „vernünftiger kaufmännischer Beurteilung notwendig ist" (§ 253 I 2 HGB).

Einen Überblick über die Bilanzierung von Rückstellungen verschafft Abb. 51. Unterschiede zwischen deutschem Recht und IAS bestehen vor allem hinsichtlich des Ansatzes von *Aufwandsrückstellungen*, die aus Innenverpflichtungen resultieren. Deren Passivierung gilt gemäß IAS 10.13 als unzulässig.

Das deutsche Recht kennt bei den Aufwandsrückstellungen die Wahlrückstellungen für „bestimmte zukünftige Aufwendungen" (§ 249 II HGB) und für unterlassene Instandhaltung bei Nachholung innerhalb von 4-12 Monaten nach dem Bilanzstichtag (§ 249 I 3 iVm. I 2 Nr. 1 HGB). Ein Verzicht auf die Bildung dieser Rückstellungen ermöglicht für diese Bilanzposten die IAS-Konformität.

Zwingende Inkompatibilitäten der IAS zum deutschen Recht bestehen zu den deutschen Pflicht-Aufwandsrückstellungen für die im Geschäftsjahr unterlassenen Aufwendungen für Instandhaltung, die in den ersten drei Monaten des folgenden Geschäftsjahres nachgeholt werden sowie für unterlassene Abraumbeseitigung bei Nachholung im folgenden Geschäftsjahr (§ 249 I 2 Nr. 1 HGB).

Während nach dem deutschen Vorsichtprinzip Rückstellungen schon für Verpflichtungen mit relativ geringen Eintrittswahrscheinlichkeiten zu bilden sind (< 50 %), sind nach IAS Rückstellungen dann passivierungsfähig und -pflichtig, wenn als wahrscheinlich („probable"; IAS 10.8) angenommen werden kann, daß die wirtschaftliche Verpflichtung besteht. Das IASC hat den Begriff „probable" nicht näher bestimmt. Der Begriff umschreibt aber zumindest eine Eintrittswahrscheinlichkeit von über 50 % („mehr Gründe dafür als dagegen"); nach US-Interpretation des IAS 10 setzt „probable" sogar eine Eintrittswahrscheinlichkeit von ca. 70-80 % voraus. Zur Zeit ist davon auszugehen, daß sich im Zuge der Erstellung eines eigenständigen Standards zu „Provisions and Contingencies" die US-Auffassung durchsetzen wird.

Die Bilanzierung und Bewertung von *Pensionsrückstellungen* nach internationalem Recht ist in IAS 19 (Retirement Benefit Costs) geregelt. Im Gegensatz zum deutschen Recht ist die Berücksichtigung von Trendannahmen zur Lohn- und Gehaltsentwicklung sowie Inflation verpflichtend. Als Kalkulationszinsfuß wird der Kapitalmarktzins zugrunde gelegt (IAS 19.46 f.).

Das deutsche Bilanzrecht läßt unterschiedliche Bewertungsverfahren zu. Das in der Praxis gebräuchliche Verfahren ist das steuerliche Teilwertverfahren, das einen festen Kalkulationszinsfuß von 6 % vorschreibt (§ 6 a EStG). Im allgemeinen wird der nach IAS 19 ermittelte Wertansatz auch als HGB-konform anerkannt.

Bilanzierung von Rückstellungen		
Rückstellungsart	**HGB**	**IAS**
1. Schuldrückstellungen		
a. Rückstellungen für ungewisse Verbindlichkeiten (einschließlich für Gewährleistungen ohne rechtliche Verpflichtung)	Passivierungspflicht (§ 249 I 1 u. 2 Nr. 2 HGB)	Passivierungspflicht (IAS 10.3 ff.)
Sonderfall: Pensionsrückstellungen	Passivierungspflicht (§ 249 I 1 HGB)	Passivierungspflicht (IAS 19)
b. Rückstellungen für drohende Verluste aus schwebenden Geschäften	Passivierungspflicht (§ 249 I 1 HGB)	Passivierungspflicht (IAS 10.3 ff.)
2. Aufwandsrückstellungen		
a. Rückstellungen für unterlassene Instandhaltung		
(1) Nachholung innerhalb von 3 Monaten	Passivierungspflicht (§ 249 I 2 Nr. 1 HGB)	Passivierungsverbot (IAS 10.13)
(2) Nachholung innerhalb von 4 - 12 Monaten	Passivierungswahlrecht (§ 249 I 3 HGB)	Passivierungsverbot (IAS 10.13)
b. Rückstellungen für unterlassene Abraumbeseitigung bei Nachholung im folgenden Geschäftsjahr	Passivierungspflicht (§ 249 I 2 Nr. 1 HGB)	Passivierungsverbot (IAS 10.13)
c. Rückstellungen für bestimmte künftige Aufwendungen, die dem Geschäftsjahr oder einem früheren Geschäftsjahr zuzuordnen sind	Passivierungswahlrecht (§ 249 II HGB)	Passivierungsverbot (IAS 10.13)

Abb. 51: Bilanzierung von Rückstellungen: HGB versus IAS

F. Latente Steuern

Latente Steuern bezwecken eine periodengerechte Zuordnung des Ertragsteueraufwandes zum Jahresüberschuß (Handelsbilanzergebnis). Dies wird dadurch erreicht, daß zeitlich begrenzte Differenzen zwischen den (fiktiven) Ertragsteuern auf das Handelsbilanzergebnis und den (tatsächlichen) Ertragsteuern auf das Steuerbilanzergebnis rechnerisch „abgegrenzt" werden, indem entsprechende Steueraktivposten oder -passivposten gebildet werden.

Weichen Handelsbilanz- und Steuerbilanzgewinn betragsmäßig voneinander ab, so entspricht der nach der Steuerbilanz ermittelte tatsächlich geschuldete Steueraufwand nicht jener Steuerbelastung, die sich als Folge der Besteuerung des handelsrechtlichen Ergebnisses ergeben müßte. Dies bedeutet: Der im Jahresabschluß ausgewiesene (tatsächliche) Ertragsteueraufwand steht in keinem erklärbaren Zusammenhang zum Jahresüberschuß des Geschäftsjahres. Durch die Bilanzierung eines Abgrenzungspostens für latente Steuern wird der im Jahresabschluß ausgewiesene Steueraufwand betragsmäßig so angepaßt, daß er einer rechnerisch richtigen (fiktiven) steuerlichen Belastung des handelsrechtlichen Ergebnisses entspricht.

Ursächlich für die Entstehung voneinander abweichender Ergebnisse in Handels- und Steuerbilanz und damit den Ansatz latenter Steuern sind unterschiedliche Bilanzierungs- und Bewertungsvorschriften im Handels- und Steuerbilanzrecht (vgl. Abb. 52). Im allgemeinen kehren sich die unterschiedlichen Gewinnausweise im Zeitablauf um, die Ergebnisunterschiede sind dann „zeitlich begrenzt", so daß sich in einer Mehrperiodenbetrachtung der handels- und steuerrechtliche (Total-)Erfolg entsprechen. Durch Aufbau und Auflösung der Abgrenzungsposten wird in der Handelsbilanz eine ständige Kongruenz von ausgewiesenem Steueraufwand und Jahresüberschuß erreicht.

Ist der Handelsbilanzgewinn etwa geringer als der Steuerbilanzgewinn, so ist der tatsächliche Steueraufwand des Geschäftsjahres aus handelsrechtlicher Sicht „zu hoch“. Der rechnerisch richtige Steueraufwand kann an die Steuerbelastung des handelsrechtlichen Ergebnisses angeglichen werden, indem durch Bildung eines aktiven Abgrenzungspostens ein (latenter) Steuerertrag in Höhe des Differenzbetrages erzeugt wird. Die Aktivierung setzt allerdings voraus, daß sich die Unterschiede zwischen handels- und steuerrechtlicher Bilanzierung in Zukunft wieder ausgleichen. Der aktivische Abgrenzungsposten kann verstanden werden als Aktivierung künftiger Steuerentlastungen bzw. als latente Steuerforderung: Der Posten nimmt die künftig niedrigeren Steuerbilanzgewinne und damit steuerliche Entlastungen vorweg.

Ist der Handelsbilanzgewinn größer als der Steuerbilanzgewinn und kehren sich die begründenden Effekte im Zeitablauf um, so ist mit künftigen Steuermehrbelastungen zu rechnen. Aus diesem Grunde ist ein Passivposten für latente Steuern zu bilden, der als Rückstellung für eine ungewisse Steuerverbindlichkeit angesehen werden kann. Durch die Bildung des Passivpostens entsteht (fiktiver) Steueraufwand, der den tatsächlichen Steueraufwand der Periode erhöht und dadurch die rechnerisch richtige Ertragsteuerbelastung des Handelsbilanzergebnisses aufzeigt.

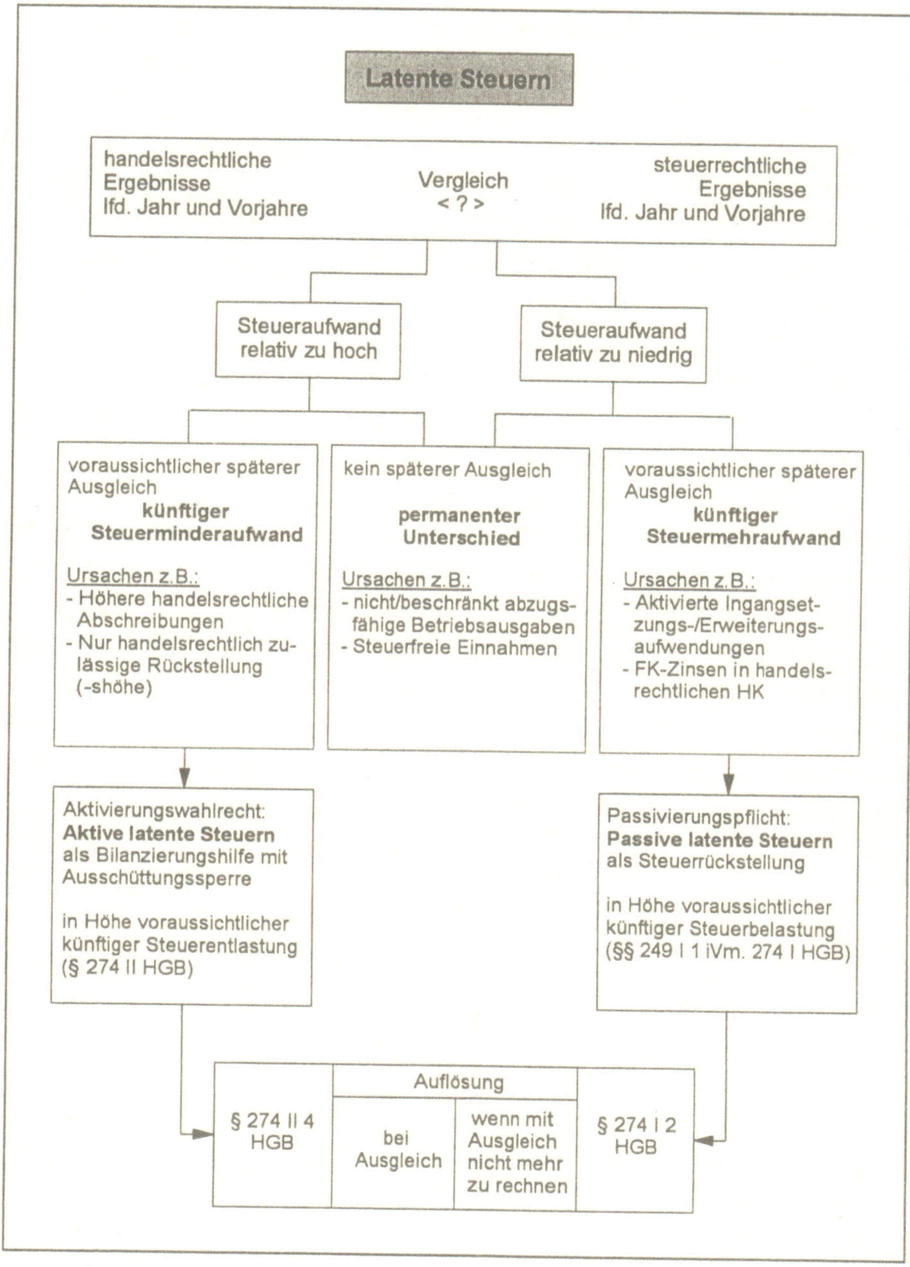

Abb. 52: Latente Steuern im handelsrechtlichen Jahresabschluß
Quelle: in Anlehnung an Federmann (1992), S. 221.

Die Ermittlung und bilanzielle Wirkung des Konzepts der latenten Steuern soll im folgenden anhand eines *Beispiels* verdeutlicht werden:

Eine handelsrechtlich zulässige Aufwandsrückstellung für Instandhaltungen nach § 249 I 3 HGB (Nachholung innerhalb von 4-12 Monaten) ist steuerrechtlich nicht anerkannt. Die Vorwegnahme des Aufwands durch Rückstellungsbildung ist somit nur handelsrechtlich möglich. Ohne eine Berücksichtigung latenter Steuern würde sich die handels- und steuerrechtliche Ergebnisermittlung für das Jahr der Rückstellungsbildung (im Bsp. 1996) und das Jahr seiner Auflösung (im Bsp. 1997) wie folgt gestalten:

Beispiel: Keine Berücksichtigung latenter Steuern

	Handelsrechtliche Ergebnisermittlung	**Steuerrechtliche Ergebnisermittlung**
Geschäftsjahr 1996		
Erträge	1.000	1.000
./. Aufwand aus Aufwandsrückstellung	- 100	0
Ergebnis vor Steuern	900	1000
./. Ertragsteuern (50 %)	- 500	- 500
Ergebnis nach Steuern	**400**	**500**
Geschäftsjahr 1997		
Erträge	1.000	1.000
+ Auflösung Rückstellung	100	
./. Instandhaltungsaufwand	- 100	- 100
Ergebnis vor Steuern	1.000	900
./. Ertragsteuern (50 %)	- 450	- 450
Ergebnis nach Steuern	**550**	**450**

Abb. 53: Beispiel: Keine Berücksichtigung latenter Steuern

Ohne die Berücksichtigung latenter Steuern steht die Ertragsteuerbelastung in 1996 und 1997 in keinem unmittelbar erklärbarem Zusammenhang zum handelsbilanziellen Ergebnis. Erst die Einbeziehung latenter Steuern bewirkt einen dem handelsbilanziellen Ergebnis entsprechenden Steueraufwand:

Beispiel: Berücksichtigung latenter Steuern

	Handelsrechtliche Ergebnisermittlung	Steuerrechtliche Ergebnisermittlung
Geschäftsjahr 1996		
Erträge	1.000	1.000
./. Aufwand aus Aufwandsrückstellung	- 100	0
Ergebnis vor Steuern	900	1000
./. Ertragsteuern (50 %)	- 500	- 500
+ latenter Steuerertrag (50 % von 100)	50	-
Ergebnis nach Steuern	**450**	**500**
Geschäftsjahr 1997		
Erträge	1.000	1.000
+ Auflösung Rückstellung	100	
./. Instandhaltungsaufwand	- 100	- 100
Ergebnis vor Steuern	1.000	900
./. Ertragsteuern (50 %)	- 450	- 450
./. latenter Steueraufwand (50 % von 100)	- 50	-
Ergebnis nach Steuern	**500**	**450**

Abb. 54: Beispiel: Berücksichtigung latenter Steuern

Im Konzernabschluß können latente Steuern durch zwei Ursachen begründet sein:

a) durch zeitlich begrenzte Differenzen, die in den Einzelabschlüssen auftreten und in den konsolidierten Abschluß übernommen werden, und
b) durch solche zeitlich begrenzten Differenzen, die zusätzlich als Folge der Konsolidierung entstehen.

Letztere ergeben sich dadurch, daß das Konzernergebnis als Folge der Konsolidierung von dem Summenergebnis der einbezogenen Einzelabschlüsse abweicht, während die steuerlichen Ergebnisse und damit der tatsächliche Steueraufwand aller Konzerngesellschaften sich nicht verändern.

Die folgende Abbildung 55 verschafft einen Überblick über die Unterschiede zwischen IAS und HGB im Hinblick auf die Bilanzierung latenter Steuern. Es zeigt sich, daß nach IAS 12 (neue Fassung, verbindlich ab 01.01.1998) im Gegensatz zum deutschen Recht:

- generell eine Ansatzpflicht für latente Steuern besteht;
- keine Saldierung von aktiven und passiven Steuerlatenzen zulässig ist;
- für steuerliche Verlustvorträge (Verlustvorträge, die in späteren, ertragstarken Perioden steuerlich angerechnet werden können) ein latentes Steueraktivum zu bilden ist, sofern von der Realisierbarkeit der Verlustvorträge ausgegangen werden muß;
- die sog. bilanzorientierte Ermittlungsweise latenter Steuern auch zur Abgrenzung quasi-permanenter Differenzen führen kann;
- der bei der zukünftigen Realisierung der Steuerlatenzen bestehende Steuersatz zugrundezulegen ist.

Latente Steuern		
	§ 274 u. § 306 HGB	IAS 12 (revised)
Bilanzansatz	Aktivierungspflicht für latente Steuern aus Konsolidierung; für alle weiteren: Aktivierungswahlrecht Passivierungspflicht	Aktivierungs- und Passivierungspflicht
Abgrenzungskonzeption	*GuV-orientiert*: Abzugrenzen sind die kumulierten Differenzen zwischen der handelsbilanziellen (fiktiven) und der steuerbilanziellen (effektiven) Steuerbelastung des Ergebnisses, sofern die Differenzen zeitlich begrenzt sind (Timing Differences ieS.) Keine Erfassung quasipermanenter Differenzen	*Bilanz-orientiert*: Abzugrenzen sind die aus dem unterschiedlichen Ansatz der einzelnen Assets und Liabilities in der Handels- und Steuerbilanz resultierenden, kumulierten Differenzen zwischen handelsbilanzieller (fiktiver) und steuerbilanzieller (effektiver) Steuerbelastung (Temporary Differences) Erfassung quasi-permanenter Differenzen
Bilanzausweis	Nettoausweis: Aktiv- <u>oder</u> Passivposten	Bruttoausweis: Aktiv- <u>und</u> Passivposten
Latente Steuern aus steuerlichen Verlustvorträgen	ansatzfähig nur insoweit, wie dadurch ein passiver Abgrenzungsposten reduziert werden kann	Aktivierungsgebot (unter einschränkenden Voraussetzungen)
Steuersatz	idR. aktueller	künftiger

Abb. 55: Latente Steuern: HGB versus IAS

G. Erfolgsrechnung, Kapitalflußrechnung und Segmentberichterstattung

I. Gewinn- und Verlustrechnung

Aufgabe der Gewinn- und Verlustrechnung ist es, dem Jahresabschlußadressaten einen Einblick in die Ertragslage zu verschaffen, d.h. die Höhe des Erfolges (Jahresüberschuß/-fehlbetrag) und die Quellen des Erfolges aufzuzeigen. Das deutsche Recht (§ 275 HGB) läßt zur Ermittlung und Darstellung der Höhe und der Struktur des Erfolges das Gesamtkosten- und das Umsatzkostenverfahren zu (vgl. Abb. 56 u. 57). Wenngleich auch nach IAS (noch) beide Verfahren zulässig sind, wird im Hinblick auf die anglo-amerikanische Bilanzierungspraxis in IAS-Abschlüssen im allgemeinen dem Umsatzkostenverfahren der Vorzug gegeben.

Bei dem *Gesamtkostenverfahren* werden die gesamten Erträge aus der Jahresproduktion (Umsatzerlöse, Lagerbestandserhöhungen, aktivierte Eigenleistungen) den gesamten Aufwendungen – geordnet nach Aufwandsarten – gegenübergestellt.

Bei dem *Umsatzkostenverfahren* werden dagegen zur Ermittlung des Betriebsergebnisses den Umsatzerlösen die Aufwendungen der Periode gegenübergestellt, die zur Umsatzerzielung erforderlich waren. Dies sind die Herstellungskosten des Umsatzes sowie die Aufwendungen der Periode für Vertrieb und Verwaltung. Einbezogen werden auch die sonstigen Aufwendungen und Erträge, nicht jedoch Aufwendungen und Erträge aus Lagerbestandsveränderungen und aktivierten Eigenleistungen. Als Vorteil des Umsatzkostenverfahrens gilt, daß es auch unterjährig zu einem aussagefähigen Betriebsergebnis führt.

Gesamtkostenverfahren gemäß § 275 Abs. 2	
1. Umsatzerlöse 2. Erhöhung oder Verminderung des Bestands an fertigen und unfertigen Erzeugnissen 3. andere aktivierte Eigenleistungen	(Gesamtleistung)
4. sonstige betriebliche Erträge 5. Materialaufwand: a) Aufwendungen für Roh-, Hilfs- und Betriebsstoffe und für bezogene Waren b) Aufwendungen für bezogene Leistungen 6. Personalaufwand: a) Löhne und Gehälter b) soziale Abgaben und Aufwendungen für Altersversorgung und für Unterstützung, davon für Altersversorgung 7. Abschreibungen: a) auf immaterielle Vermögensgegenstände des Anlagevermögens und Sachanlagen sowie auf aktivierte Aufwendungen für die Ingangsetzung und Erweiterung des Geschäftsbetriebs b) auf Vermögensgegenstände des Umlaufvermögens, soweit diese die in der Kapitalgesellschaft üblichen Abschreibungen überschreiten 8. sonstige betriebliche Aufwendungen	(Betriebsergebnis)
9. Erträge aus Beteiligungen, davon aus verbundenen Unternehmen 10. Erträge aus anderen Wertpapieren und Ausleihungen des Finanzanlagevermögens, davon aus verbundenen Unternehmen 11. sonstige Zinsen und ähnliche Erträge, davon aus verbundenen Unternehmen 12. Abschreibungen auf Finanzanlagen und auf Wertpapiere des Umlaufvermögens 13. Zinsen und ähnliche Aufwendungen, davon an verbundene Unternehmen	(Finanzergebnis)
14. Ergebnis der gewöhnlichen Geschäftstätigkeit	
15. außerordentliche Erträge 16. außerordentliche Aufwendungen	Außerordentliches Ergebnis
17. außerordentliches Ergebnis	
18. Steuern vom Einkommen und vom Ertrag 19. sonstige Steuern	(Steueraufwand)
20. Jahresüberschuß/Jahresfehlbetrag	Jahresergebnis

Abb. 56: Gesamtkostenverfahren nach HGB
Quelle: Baetge (1996), S. 537.

Umsatzkostenverfahren gemäß § 275 Abs. 3	
1. Umsatzerlöse 2. Herstellungskosten der zur Erzielung der Umsatzerlöse erbrachten Leistungen	
3. Bruttoergebnis vom Umsatz 4. Vertriebskosten 5. allgemeine Verwaltungskosten 6. sonstige betriebliche Erträge 7. sonstige betriebliche Aufwendungen	**(Betriebsergebnis)**
8. Erträge aus Beteiligungen, davon aus verbundenen Unternehmen 9. Erträge aus anderen Wertpapieren und Ausleihungen des Finanzanlagevermögens, davon aus verbundenen Unternehmen 10. sonstige Zinsen und ähnliche Erträge, davon aus verbundenen Unternehmen 11. Abschreibungen auf Finanzanlagen und auf Wertpapiere des Umlaufvermögens 12. Zinsen und ähnliche Aufwendungen, davon an verbundene Unternehmen	**(Finanzergebnis)**
13. Ergebnis der gewöhnlichen Geschäftstätigkeit	
14. außerordentliche Erträge 15. außerordentliche Aufwendungen	**Außerordentliches Ergebnis**
16. außerordentliches Ergebnis	
17. Steuern vom Einkommen und vom Ertrag 18. sonstige Steuern	**(Steueraufwand)**
19. Jahresüberschuß/Jahresfehlbetrag	**Jahresergebnis**

Abb. 57: Umsatzkostenverfahren nach HGB
Quelle: Baetge (1996), S. 538.

Vorausgesetzt den Warenbeständen, den Beständen an fertigen und unfertigen Erzeugnissen und den aktivierten Eigenleistungen werden bei beiden Verfahren in gleicher Höhe Herstellungskosten zugeordnet, ergibt sich in beiden Verfahren dasselbe Jahresergebnis.

Die IAS geben auch im IAS-Entwurf E 53 kein starres Gliederungsschema für die Gewinn- und Verlustrechnung (Income Statement) vor. Zulässig sind gemäß IAS-E 53 sowohl das Umsatzkosten- als auch das Gesamtkostenverfahren. Gefordert wird aber gemäß IAS-E 53.89, eine aussagefähige Erfolgsspaltung vorzunehmen in:

- Revenue,
- Results of Operating Activities,
- Outcome of Financing Activities,
- Results of Investing Activities,
- Minority Interest,
- Net Profit or Loss of the Period.

Beispielhaft wird im Anhang zu IAS-E 53 eine Gliederungsystematik für das Umsatzkostenverfahren dargelegt (vgl. Abb. 58). Die außerordentlichen Posten (Extraordinary Items) werden eng definiert (IAS 8.6); es handelt sich hierbei um besondere Fälle, wie Naturkatastrophen oder Enteignungen. Darüber hinaus sind nach IAS 8.21 Aufwendungen und Erträge, die in Zusammenhang mit der Aufgabe von Geschäftsfeldern (Discontinued Operations) entstehen, gesondert auszuweisen oder im Anhang anzugeben. Der deutschen Rechnungslegung ist eine solche Differenzierung hingegen fremd.

Income Statement
Umsatzkostenverfahren nach IAS-E 53
Revenue Cost of sales
Gross profit (loss) for the period Other operating income
Distribution costs Administrative expenses Other operating expenses
Net financing cost
Income from associates Income from other investments
Profit before tax
Income tax expense
Profit after tax
Minority interest
Net profit from ordinary activities
Extraordinary items
Net profit for the period

Abb. 58: Gewinn- und Verlustrechnung (Umsatzkostenverfahren) nach IAS

II. Kapitalflußrechnung

Die Kapitalflußrechnung (Cash Flow Statement) nach IAS 7 ist ein Pflichtbestandteil des IAS-Jahresabschlusses. Nach deutschem Recht ist die Offenlegung einer Kapitalflußrechnung hingegen nicht zwingend vorgeschrieben:

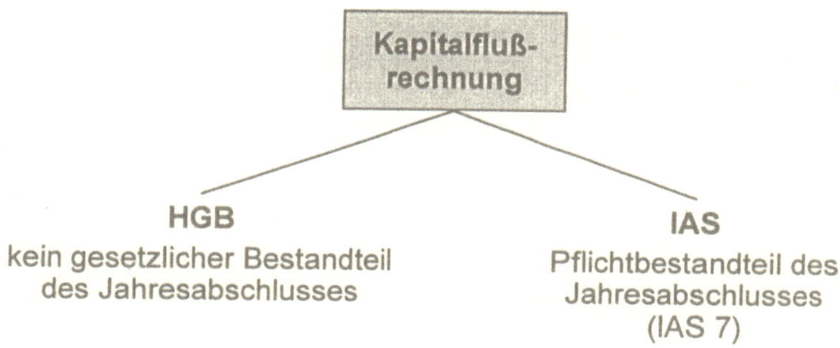

Das Cash Flow Statement dient der Ermittlung und Darstellung der Zahlungsmittelbewegungen des Geschäftsjahres, geordnet nach

- Cash Flow aus Geschäftstätigkeit (Operating Activities),
- Cash Flow aus Investitionstätigkeit (Investing Activities),
- Cash Flow aus Finanzierungstätigkeit (Financing Activities),

und umfaßt eine Überleitung des Finanzmittelfonds „Cash and Cash Equivalents" zu Beginn des Geschäftsjahres auf den entsprechenden Betrag am Ende des Geschäftsjahres (vgl. Abb. 59 u. 60).

Unter „Cash" sind Geld und Sichtguthaben, unter „Cash Equivalents" kurzfristige, hochliquide, risikolose Anlagen zu verstehen (idR. mit einer Laufzeit von maximal drei Monaten). Der Cash Flow aus laufender Geschäftstätigkeit (d.h. dem leistungswirtschaftlichen Prozeß) kann nach der direkten oder der indirekten Methode ermittelt werden, wobei die Anwendung der direkten Methode empfohlen wird (IAS 7.18 f.). IAS 7 entspricht in weiten Teilen der korrespondierenden US-amerikanischen Vorschrift zur Kapitalflußrechnung (SFAS 95).

Cash Flow Statement (IAS 7)	
Ziel der Kapitalflußrechnung (mit ausgeschiedenen Fonds)	Einblick in die „Finanzlage“: Veränderung des Finanzmittelfonds während eines Geschäftsjahres geordnet nach Ein- und Auszahlungen aus leistungswirtschaftlichem Prozeß, Investition und Finanzierung
Abgrenzung des Finanzmittelfonds (IAS 7.6 ff.)	Zahlungsmittel (Cash): Bargeld und Sichteinlagen + Zahlungsmitteläquivalente (Cash Equivalents): kurzfristige, risikolose, hochliquide Anlagen (idR. maximale Laufzeit von drei Monaten; IAS 7.7)
Gliederung des Cash Flow Statement (IAS 7.10)	– Cash Flow aus laufender Geschäftstätigkeit (Operating Activities) – Cash flow aus Investitionstätigkeit (Investing Activities) – Cash flow aus Finanzierungstätigkeit (Financing Activities)
Ermittlungsmethoden des Cash Flow aus laufender Geschäftstätigkeit (IAS 7.18 ff.)	direkte Ermittlungsmethode (empfohlene Methode): Gegenüberstellung von Ein- und Auszahlungen; Erfassungsbasis: Liquiditätsrechnung
	indirekte Ermittlungsmethode: Ableitung aus Jahresüberschuß/-fehlbetrag: Bereinigung um nicht-zahlungswirksame Aufwendungen und Erträge; Einbezug nicht-erfolgswirksamer Ein- und Auszahlungen

Abb. 59: Cash Flow Statement (IAS 7)

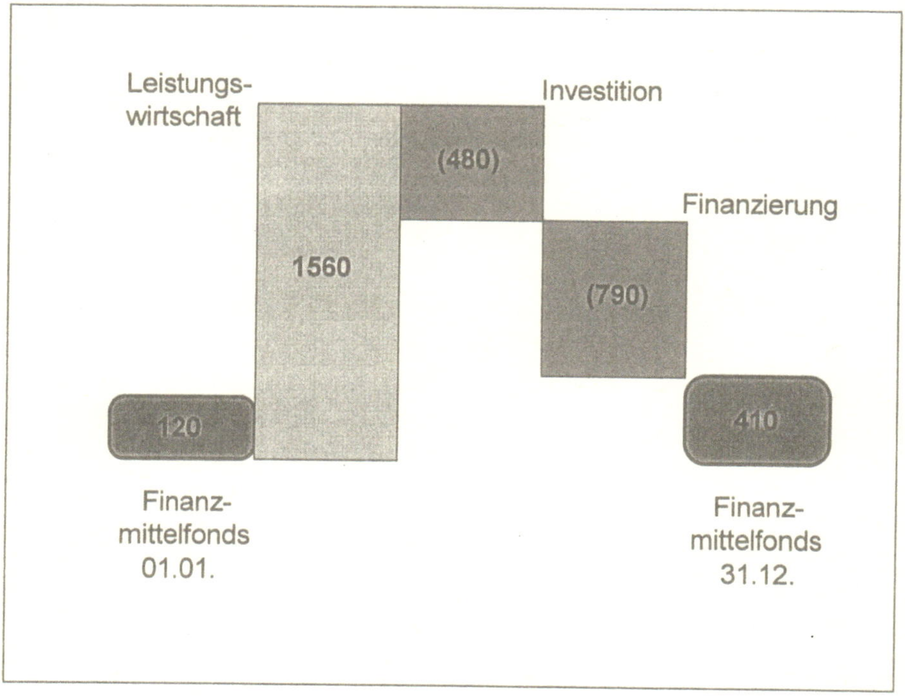

Abb. 60: Beispiel: Überleitung des Finanzmittelfonds

Die Komponenten des Cash Flow, geordnet nach Leistungswirtschaft, Investition und Finanzierung, sind dargestellt in der folgenden Abbildung 61. Beispiele für die Anwendung der direkten und der indirekten Ermittlungsmethode des Cash Flow aus laufender Geschäftstätigkeit finden sich in den folgenden Abbildungen 62 und 63.

Komponenten des Cash Flow Statement (IAS 7)	**Einzahlungen**	**Auszahlungen**
Cash Flow aus laufender Geschäftstätigkeit (Innenfinanzierung)	– Umsatzerlöse – Lizenzen, Gebühren, Kommissionen – Steuererstattungen	– Materialaufwand – Löhne und Gehälter – Steuerzahlungen
Cash Flow aus Investitionstätigkeit (Investition/ Desinvestition)	Verkauf von – Sachanlagen – Aktien, Anteilen etc. – Schuldverschreibungen, Anleihen	Kauf von – Sachanlagen – Aktien, Anteilen etc. – Schuldverschreibungen, Anleihen
Cash Flow aus Finanzierungstätigkeit (Eigen- und Fremdfinanzierung, Definanzierung)	– Emission von Aktien und Ausgabe anderer Unternehmensanteile – Ausgabe von Schuldverschreibungen, Anleihen etc.	– Rückzahlung von Darlehen – Anteilsauszahlung – Erwerb eigener Anteile

Abb. 61: Komponenten des Cash Flow Statement (IAS 7)

Direct Method Cash Flow Statement		
Cash flows from operating activities		
Cash receipts from customers	30,150	
Cash paid to suppliers and employees	(27,600)	
Cash generated from operations	2,550	
Interest paid	(270)	
Income taxes paid	(900)	
Cash flow before extraordinary item	1,380	
Proceeds from earthquake disaster settlement	180	
Net cash from operating activities		1,560
Cash flows from investing activities		
Acquisition of subsidiary X, net of cash acquired	(550)	
Purchase of property, plant and equipment	(350)	
Proceeds from sale of equipment	20	
Interest received	200	
Dividends received	200	
Net cash used in investing activities		(480)
Cash flows from financing activities		
Proceeds from issuance of share capital	250	
Proceeds from long-term borrowings	250	
Payment of finance lease liabilities	(90)	
Dividends paid	(1,200)	
Net cash used in financing activities		(790)
Net increase in cash and cash equivalents		290
Cash and cash equivalents at beginning of period		120
Cash and cash equivalents at end of period		410

Abb. 62: Cash Flow Statement: direkte Ermittlungsmethode
Quelle: International Accounting Standard 7, Appendix.

Indirect Method Cash Flow Statement		
Cash flows from operating activities		
Net profit before taxation, and extraordinary item.	3,350	
Adjustments for:		
Depreciation	450	
Foreign exchange loss	40	
Investment income	(500)	
Interest expense	400	
Operating profit before working capital changes	3,740	
Increase in trade and other receivables	(500)	
Decrease in inventories	1,050	
Decrease in trade payables	(1,740)	
Cash generated from operations	2,550	
Interest paid	(270)	
Income taxes paid	(900)	
Cash flow before extraordinary item	1,380	
Proceeds from earthquake disaster settlement	180	
Net cash from operating activities		1,560
Cash flows from investing activities		
Acquisition of subsidiary X net of cash acquired	(550)	
Purchase of property, plant and equipment	(350)	
Proceeds from sale of equipment	20	
Interest received	200	
Dividends received	200	
Net cash used in investing activities		(480)
Cash flows from financing activities		
Proceeds from issuance of share capital	250	
Proceeds from long-term borrowings	250	
Payment of finance lease liabilities	(90)	
Dividends paid	(1,200)	
Net cash used in financing activities		(790)
Net increase in cash and cash equivalents		290
Cash and cash equivalents at beginning of period		120
Cash and cash equivalents at end of period		410

Abb. 63: Cash Flow Statement: indirekte Ermittlungsmethode
Quelle: International Accounting Standard 7, Appendix.

III. Segmentberichterstattung

Der großen Bedeutung der Informationsfunktion entsprechend werden nach IAS umfangreiche Offenlegungen im Anhang (Notes) gefordert. Die Offenlegungspflichten nach IAS liegen zwar unter dem in den USA von der SEC geforderten Publizitätsniveau, gehen aber deutlich über die Anforderungen des HGB hinaus.

Ein bedeutsamer Bestandteil des Anhangs ist die Berichterstattung nach Unternehmenssegmenten (vgl. Abb. 64). Diese Segmentberichterstattung ist in IAS 14 (Reporting Financial Information by Segment) geregelt. Segmente sind einzelne räumlich (z. B. Ländersegmente) oder produktbezogen abgrenzbare Geschäftsfelder des Unternehmens bzw. des Konzerns, deren Abgrenzung sich – nach einem neuen Entwurf des IASC (IAS-E 51) – in Zukunft an den internen Berichtsstrukturen des Unternehmens orientieren soll (Management Approach).

Das HGB kennt demgegenüber keine ausführliche Segmentberichterstattung (vgl. Abb. 64). Gefordert wird für große Kapitalgesellschaften und Konzerne lediglich eine Aufgliederung der Umsatzerlöse (in regionaler und branchenbezogener Hinsicht). Die Umsatzaufgliederung nach § 285 Nr. 4 HGB (Einzelabschluß) bzw. § 314 I Nr. 3 HGB (Konzernabschluß) kann aber entfallen, wenn sich das Unternehmen bzw. der Konzern entsprechend dem § 286 II HGB bzw. § 314 II HGB darauf beruft, daß eine Aufgliederung geeignet ist, ihm „einen erheblichen Nachteil zuzufügen".

Segmentberichterstattung		
	HGB	**IAS**
Segmente	- Tätigkeitsbereiche - geographisch bestimmte Märkte	- Industry Segments - Geographical Segments
Pflicht zur Segmentberichterstattung	- im Anhang großer Kapitalgesellschaften (§ 285 Nr. 4; § 288 iVm. § 267 I u. II HGB) - im Konzernanhang (§ 314 I Nr. 3 HGB)	- im Anhang (IAS 14.2; 14.4) a) börsennotierter Unternehmen b) wirtschaftlich bedeutsamer Unternehmen c) der Tochterunternehmen von a) und b) - im Konzernanhang (ersetzt idR. Segmentberichterstattung in den Einzelabschlüssen; IAS 14.2)
Einschränkung der Berichterstattungspflicht	a) Berichterstattungspflicht nur, soweit sich „unter Berücksichtigung der Organisation des Verkaufs“ die Tätigkeitsbereiche und Märkte erheblich unterscheiden (§§ 285 Nr. 4; 314 I Nr. 3 HGB) b) Schutzklausel: Berichterstattung kann unterbleiben, wenn einbezogenen Unternehmen erhebliche Nachteile zugefügt würden (§§ 286 II; 314 II HGB)	keine
Gegenstand der Segmentberichterstattung	Segmentumsatzerlöse	IAS 14.16: - Umsatzerlöse und sonstige Betriebserträge der Segmente (differenziert nach Außenumsätzen und Umsätzen mit anderen Segmenten) - Segmentergebnisse - Vermögen der Segmente - Ermittlungsmethode der Verrechnungspreise zwischen den Segmenten IAS 14.21: - Überleitung der für die einzelnen Segmente angegebenen Beträge zu den Gesamtbeträgen des Einzel- bzw. Konzernabschlusses

Abb. 64: Segmentberichterstattung: HGB versus IAS

H. Zusammenfassung: Anpassung des HGB-Konzernabschlusses an IAS

Der in den vorangegangenen Abschnitten vorgenommene Vergleich der IAS- mit den entsprechenden HGB-Normen hat gezeigt, daß die Rechnungslegung nach IAS in stärkerem Maße dem Gebot des „True and Fair View“ verpflichtet ist und daher dem Informationsbedarf der Kapitalmärkte stärker Rechnung trägt als die deutsche Rechnungslegung. Ebenso wie die US-amerikanische Rechnungslegung kann die Rechnungslegung nach IAS daher als *kapitalmarktorientiert* bezeichnet werden.

Zwischen IAS und den US-GAAP können im Detail allerdings Unterschiede festgestellt werden, die in Abbildung 66 (Anhang B) aufgezeigt werden. Der wesentliche Unterschied zu den US-GAAP besteht jedoch darin, daß die Regelungsdichte der IAS weitaus geringer ist als die der US-GAAP.

Das HGB bietet eine Vielzahl von Wahlrechten, die deutschen Unternehmungen im Rahmen dualer Konzernabschlüsse *eine weitgehende Anpassung an die IAS-Rechnungslegung* ermöglichen. Einen Überblick über die Anpassungsmöglichkeiten und -grenzen liefert Abbildung 65. In dieser Tabelle werden die bedeutendsten Unterschiede zwischen HGB und IAS noch einmal zusammenfassend dargestellt. Unterschieden wird dabei zwischen solchen Regelungen, die durch eine entsprechende Ausübung von Wahlrechten eine duale Bilanzierung nach HGB *und* IAS gestatten, und solchen inhaltlichen Abweichungen, die unüberbrückbar sind (Inkompatibilitäten). Nach deutschem Recht unzulässige Regelungen, für deren Anwendung nach IAS ein Wahlrecht besteht, sind in dieser Tabelle nicht aufgeführt.

Posten	HGB	IAS-Adaption	Inkompatibilität
Immaterielle Vermögensgegenst. • Forschungs- und Entwicklungskosten	Aktivierungsverbot für F&E-kosten (§ 248 II)		Aktivierung von Entwicklungskosten: 5 Ansatzkriterien (IAS 9.17)
Sachanlagen • Planmäßige Abschreibungen	alle Methoden zulässig (§ 253 II)	keine degressiv-linearen Abschreibungen (Stetigkeit)	
• Außerplanmäßige Abschreibungen	bei voraussichtlich dauernder Wertminderung (§§ 253 II, 279 I) faktisches Wertaufholungs-WR (§ 280 II) WR: Steuerbilanzwert (§§ 254, 279 II)	 strenges Wertaufholungsgebot (IAS 16.59-60) keine steuerrechtl. Abschreibungen	bei temporären Wertminderungen (IAS 16.56)
• Finance Lease: Zuordnung zum Leasingnehmer maßgebliches Unterscheidungskriterium	steuerliche Leasingerlasse als GoB: GMZ/ND < 40 %, GMZ/ND > 90 %	4 Zuordnungskriterien (IAS 17.8) Barwert der Leasingraten größer Tageswert	Sale-and-Lease-back: PRAP, Gewinnverteilung über Laufzeit des Vertrages (IAS 17.57)

Abb. 65: Anpassung des HGB-Konzernabschlusses an IAS (Fortsetzung ...)
Quelle: Glaum/Mandler (1996), S. 152-154 (geringfügig geändert).

Fortsetzung Abb. 65:

Posten	HGB	IAS-Adaption	Inkompatibilität
Wertpapiere • Anlagevermögen (Niederstwert)	Abschreibungswahlrecht bei temporärer Wertminderung, ansonsten Pflicht (§§ 253 II, 279 I)	(Pflicht-)Abschreibung nur bei dauernder Wertminderung (IAS 25.24)	
• Umlaufvermögen (Niederstwert)	strenges Niederstwertprinzip Abwertungswahlrechte (Steuerbilanzwert) (§§ 254, 279 II)	keine Abwertungswahlrechte	
Vorräte • Bewertungsmaßstab (HK)	Teilkostenansatzwahlrecht (§ 255 II)	Vollkostenansatz (IAS 2.7)	
• strenges Niederstwertprinzip	Börsen-/Marktpreis, beizulegender Wert (§ 253 III)	Nettorealisationswert (Absatzmarktorientierung) (IAS 2.6)	bei niedrigeren Wiederbeschaffungskosten (beizulegender Wert)
• Abwertungswahlrechte	Steuerbilanzwert, Schwankungsreservewert (§§ 254, 279 II, 253 III)	keine Abwertungswahlrechte	
• Bewertungsvereinfachung	Unterschiedliche Verfahren (§§ 240 III u. IV, 256)	EM: Durchschnittsbewertung und Fifo (IAS 2.21) Lifo zulässig (IAS 2.23 f.)	
• (Stichtagsübergreifende) Auftragsfertigung	Completed Contract Methode (§ 252 I)	Sachverhaltsgestaltung: Teilabrechnungen	Percentage of Completion-Methode (IAS 11)

Fortsetzung Abb. 65:

Posten	HGB	IAS-Adaption	Inkompatibilität
Fremdwährung • Forderungen und Verbindlichkeiten (langfristig)	Imparitätsprinzip (§ 252 I)		Umrechnung mit Stichtagskurs (IAS 21.11)
Rückstellungen • Pensionsrückstellungen: Methode	Anwartschaften: unterschiedliche Barwertmethoden (HFA 2/1988)	Kapitalmarktzins, Trendannahmen (IAS 19.46) EM: Ansammlungsverfahren (IAS 19.42)	
• Aufwandsrückstellungen (Innenverpflichtungen)	a) Pflicht: Abraumbeseitigung (Folgejahr), Instandhaltung (1.-3. Monat) b) Sonstige: Wahlrecht (§ 249 I, II)	b) keine Wahlrechtsausübung (IAS 10.3)	a) keine Rückstellungen für Innenverpflichtungen (IAS 10.3)
Konsolidierung • Konsolidierungskreis	Einbeziehungswahlrechte (§ 296 I u. II) Einbeziehungsverbot bei stark abweichender Tätigkeit (§ 295)	Einbeziehungsverbot: Weiterveräußerungsabsicht, Transferrechte eingeschränkt (IAS 27.13)	Einbeziehungspflicht bei stark abweichender Tätigkeit (IAS 27.14)
• Kapitalkonsolidierung	Auflösung stiller Reserven/Lasten auf Unterschiedsbetrag begrenzt (§ 301 I)		keine Beschränkung auf den Unterschiedsbetrag (IAS 22.31 a)

Fortsetzung Abb. 65:

Posten	HGB	IAS-Adaption	Inkompatibilität
• Goodwill	Rücklagenverrechnung zulässig, Abschreibung zu mind. 25 % p.a. oder planmäßig gem. Nutzungsdauer (§§ 309 I)	Aktivierung planmäßige Abschreibung über 5, max. 20 Jahre (IAS 22.42)	
• Badwill	Auflösung unter einschränkenden Voraussetzungen (§§ 301 III, 309 II)		Planmäßige Auflösung des PRAP (IAS 22.51)
• Equity-Methode	Buchwert- oder Kapitalanteilsmethode (§ 312 I)	keine Kapitalanteilsmethode (IAS 28)	

Legende zu Abb. 65:

EM	nach IAS empfohlene Methode (Benchmark Treatment)
FK	Fremdkapital
GMZ	Grundmietzeit
ND	wirtschaftliche Nutzungsdauer
PRAP	Passiver Rechnungsabgrenzungsposten
WR	Wahlrecht

Anhang A: Aufgaben und Lösungen

I. Aufgaben

Aufgabe 1: Grundzüge der Rechnungslegung

Beurteilen Sie die folgenden Aussagen als richtig oder falsch und tragen Sie die Lösung entsprechend ein:

		richtig	falsch
a)	Im Vergleich zur degressiv-linearen Abschreibungsmethode bewirkt die lineare Abschreibungsmethode in den ersten Nutzungsjahren höhere Jahresüberschüsse.		
b)	Beim Mutterunternehmen angefallene Verluste aufgrund von Lieferungen zu Sonderkonditionen an ein in den Konzernabschluß einzubeziehendes Tochterunternehmen sind auch aus Konzernsicht realisiert, da die Liefergegenstände die Unternehmensphäre des Mutterunternehmens tatsächlich verlassen haben. Die Verluste sind daher im Rahmen der Konsolidierung nicht zu eliminieren.		
c)	In Zeiten steigender Preise bewirkt der Übergang von der Fifo-Methode zur Lifo-Methode ein Ansteigen des Jahresüberschusses.		
d)	Durch die Bilanzierung eines Abgrenzungspostens für latente Steuern wird der im handelsrechtlichen Jahresabschluß ausgewiesene Steueraufwand betragsmäßig so angepaßt, daß er einer rechnerisch richtigen steuerlichen Belastung des handelsrechtlichen Ergebnisses entspricht.		
e)	Je niedriger der Herstellungskostenansatz für Fertigerzeugnisse gewählt wird (Teilkosten anstatt Vollkosten), desto geringer ist das Jahresergebnis in der Herstellungsperiode und desto höher ist das Jahresergebnis in der Verkaufsperiode.		

Aufgabe 2: HGB versus IAS

Beurteilen Sie die folgenden Aussagen als richtig oder falsch und tragen Sie die Lösung entsprechend ein:

		richtig	falsch
a)	Für selbstgeschaffene immaterielle Vermögensgegenstände besteht nach HGB ein strenges Aktivierungsverbot.		
b)	Entwicklungskosten sind nach IAS stets zu aktivieren.		
c)	Im Rahmen der Anpassung eines HGB-Abschlusses an die IAS sind möglicherweise außerplanmäßige Abschreibungen für temporäre Wertminderungen von Vermögensgegenständen des Sachanlagevermögens vorzunehmen.		
d)	Ein Leasingobjekt ist nach HGB und IAS verpflichtend bei dem Leasingnehmer zu aktivieren, wenn die Leasingdauer 75 % der wirtschaftlichen Nutzungsdauer des Leasinggegenstandes überschreitet.		
e)	Herstellungskosten: Allgemeine Verwaltungskosten sind nach HGB einbeziehungsfähig, nach IAS einbeziehungspflichtig.		
f)	Im Rahmen der Anpassung eines HGB-Abschlusses an die IAS sind möglicherweise außerplanmäßige Abschreibungen für temporäre Wertminderungen bei *einzelbewerteten* Wertpapieren des Anlagevermögens zu revidieren.		
g)	Die planmäßige Abschreibung abnutzbarer Vermögensgegenstände des Anlagevermögens hat nach IAS linear zu erfolgen.		
h)	Die Neubewertung von Sachanlagevermögen (IAS) hat stets Auswirkungen auf die Höhe des Erfolgs (Jahresüberschuß/-fehlbetrag).		
i)	Zuschreibungen auf Wertpapiere des Umlaufvermögens führen nach IAS nie zu einem Ausweis unrealisierter Gewinne.		
j)	Forderungen in Fremdwährung sind nach HGB und IAS stets zum Stichtagskurs umzurechnen.		

Fortsetzung Aufgabe 2:

		richtig	falsch
k)	Ein aus Konsolidierung resultierender Goodwill muß nach HGB und IAS planmäßig über seine Nutzungsdauer abgeschrieben werden.		
l)	Während das HGB für die Währungsumrechnung von Einzelabschlüssen keine Methode vorgibt, schreiben die IAS die Anwendung der Zeitbezugsmethode zwingend vor.		
m)	Im Geschäftsjahr unterlassene Instandhaltungen führen nach IAS nicht zum Ansatz von Rückstellungen.		
n)	Für drohende Verluste aus schwebenden Geschäften besteht nach HGB eine Passivierungspflicht, nach IAS hingegen ein Passivierungsverbot.		

Aufgabe 3: Ansatz und Bewertung nach HGB und IAS

Die D-AG beabsichtigt, für das Geschäftjahr 1996 einen HGB-Abschluß zu erstellen, der – soweit als möglich – den IAS entspricht. Beurteilen Sie die folgenden Sachverhalte hinsichtlich

(1) der Beachtung der HGB-Vorschriften sowie

(2) der gleichzeitigen Erfüllung der IAS-Anforderungen. (IAS-Regelungen, die nicht HGB-konform sind, sollen nicht in die Beurteilung einbezogen werden.)

(3) Geben Sie, soweit für die einzelnen Sachverhalte möglich, die in einem IAS-konformen HGB-Abschluß anzusetzenden Buchwerte zum 31.12.1996 an. Begründen Sie diesen Wertansatz.

a) Die D-AG hält in ihrem Anlagebestand 1000 Aktien an der Y-AG. Die Anschaffungskosten betrugen DM 250 je Aktie (keine Portfoliobewertung). Am Bilanzstichtag notiert die Aktie der Y-AG bei DM 240. Obwohl damit zu rechnen ist, daß der Kurs der Aktie in 1996 wieder steigen wird, nimmt die D-AG aus Vorsichtsgründen eine Abschreibung auf den niedrigeren Börsenkurs vor.

b) Die D-AG nahm im Geschäftsjahr auf ein Grundstück eine außerplanmäßige Abschreibung wegen voraussichtlich vorübergehend gefallener Grundstückspreise vor.

c) Die D-AG hält 250 Aktien an der Z-AG mit der Absicht des baldigen Wiederverkaufs. Mit DM 300 je Aktie wurden diese Anteile in 1996 gekauft; am Bilanzstichtag notieren sie bei DM 350. Da die Aktien in naher Zukunft verkauft werden sollen, werden sie im Sinne einer marktnahen Bewertung („Mark-to-Market"-Prinzip) zum Börsenkurs am Bilanzstichtag angesetzt.

d) Die D-AG hat in 1995 1.000 t eines Rohstoffs zum Preis von 250 DM/t beschafft. Die für ihren Transport zu entrichtenden Kosten betrugen insgesamt 20.000 DM. Zum Bilanzstichtag 31.12.1995 befanden sich die Rohstoffe noch vollständig auf Lager, wurden jedoch aufgrund der Preisentwicklung auf dem Rohstoffmarkt (den Anforderungen des HGB entsprechend!) mit einem Gesamtwert von 240.000 DM in der Bilanz angesetzt. Die zum 31.12.1995 auf Lager befindlichen Rohstoffe wurden im Geschäftsjahr 1996 weder verkauft, noch sind sie in den Produktionsprozeß eingegangen. Ein Zukauf erfolgte ebenfalls nicht. Zum 31.12.1996 lag der Marktpreis dieses Rohstoffs bei 240 DM/t. Der Wertansatz des Vorjahresabschlusses wurde beibehalten.

e) Das abnutzbare Anlagevermögen der D-AG wird grundsätzlich nach der geometrisch-degressiven Methode abgeschrieben. Sobald der Abschreibungsbetrag dieser Methode unter den der linearen Abschreibung sinkt, erfolgt allerdings ein Wechsel auf die lineare Abschreibungsmethode.

f) Eine fällige Reparatur wird nicht im Geschäftsjahr durchgeführt, sondern verschoben auf den Monat Mai des darauffolgenden Jahres. Laut Angebot werden die Reparaturkosten DM 100.000 betragen. In Höhe dieses Betrags wurde ein Rückstellung gebildet.

g) Am 01.01.1991 hat die D-AG eine Maschine zu einem Preis von DM 100.000 angeschafft. Über eine Nutzungsdauer von 10 Jahren wird sie planmäßig linear abgeschrieben. Aufgrund gesunkener Wiederbeschaffungskosten der Maschine wurde in 1995 eine außerplanmäßige Abschreibung in Höhe von DM 20.000 vorgenommen. Am Stichtag 31.12.1996 sind die Gründe für diese außerplanmäßige Abschreibung entfallen, da sich der Marktpreis für diese Maschine wieder auf altem Niveau eingependelt hat, was 1995 nicht zu erwarten war. Der niedrigere Wertansatz soll dennoch beibehalten werden.

h) Eine Segmentberichterstattung fügt dem Unternehmen nach Ansicht der D-AG erhebliche Nachteile zu. Sie soll daher unterbleiben.

i) Laut Inventur vom 31.12.1996 hat die D-AG Bestände an Fertigerzeugnissen in Höhe von 1.000 Stück. Der Materialaufwand pro Stück betrug DM 210; die dem einzelnen Produkt zurechenbaren Abschreibungen DM 280. Als direkt zurechenbarer Personalaufwand wurden DM 310 je Stück erfaßt, die auf das Produkt geschlüsselten allgemeinen Verwaltungskosten betragen DM 80 je Stück. Aus bilanzpolitischen Gründen soll ein möglichst niedriger Wertansatz bilanziert werden.

Aufgabe 4: Kapitalkonsolidierung

Die MU-AG erwirbt zum 31.12.1996 100 % der Anteile an der TU-GmbH, die als Anteile an verbundenen Unternehmen zu betrachten sind. Der Kaufpreis beträgt TDM 6.000. Aufgrund dieses Anteilserwerbs ist die MU-AG zum 31.12.1996 erstmalig zur Aufstellung eines Konzernabschlusses verpflichtet. Im Rahmen der vorbereitenden Maßnahmen zur Konzernabschlußerstellung wurde festgestellt, daß die Grundstücke der TU-GmbH einen Zeitwert von TDM 2.000, die Maschinen der TU-GmbH einen Zeitwert von TDM 1.600 und die Roh-, Hilfs- und Betriebsstoffe der TU-GmbH einen Zeitwert von TDM 1.200 haben.

Führen Sie die Kapitalkonsolidierung für diesen Konzernabschluß nach der Buchwertmethode (HGB) durch, und erstellen Sie die sich daraus ergebende Konzernbilanz. Die nach konzerneinheitlichen Richtlinien aufgestellten Einzelbilanzen der MU-AG und der TU-GmbH zum 31.12.1996 (HB II) ergeben sich wie folgt:

Einzelabschlüsse der Konzernunternehmen					
Bilanzposten Aktiva	**MU-AG**	**TU-GmbH**	**Bilanzposten Passiva**	**MU-AG**	**TU-GmbH**
Grundstücke	3.000	1.500	Gezeichn. Kapital	5.000	2.000
Maschinen	2.500	1.400	Kapitalrücklage	4.000	1.000
BuG	900	250	Gewinnrücklagen	3.000	1.000
Anteile an VU	6.000		Jahresüberschuß	3.000	500
RHB-stoffe	1.800	1.000	Rückstellungen	1.500	250
Fertigerzeugnisse	1.000	200	Verbindlichkeiten	1.700	650
Forderungen	1.100	450			
Liquide Mittel	1.900	600			
Σ Aktiva	**18.200**	**5.400**	**Σ Passiva**	**18.200**	**5.400**

MU = Mutterunternehmen
TU = Tochterunternehmen
BuG = Betriebs- und Geschäftsausstattung
VU = Verbundene Unternehmen
RHB = Roh-, Hilfs- und Betriebsstoffe

II. Lösungen

Lösungen zu Aufgabe 1: Grundzüge der Rechnungslegung

a) richtig:
Die lineare Abschreibungsmethode bewirkt in den ersten Jahren der Nutzungsdauer einen geringeren periodenbezogenen Abschreibungsaufwand und damit einen höheren Jahresüberschuß, als dies nach der degressiv-linearen Abschreibungsmethode der Fall wäre.

b) falsch:
Die beim Mutterunternehmen angefallenen Verluste resultieren aus konzerninternen Lieferungen. Sie sind daher als Zwischenverluste zu qualifizieren und im Rahmen der Zwischenergebniskonsolidierung zu eliminieren (§ 304 HGB; IAS 27.17 f.).

c) falsch:
In Zeiten steigender Preise wirkt der Übergang von der Fifo-Methode auf die Lifo-Methode aufwandserhöhend und damit jahresüberschußmindernd. Denn während nach der Fifo-Methode die zuerst und damit mit den niedrigsten Preisen beschafften Vorräte annahmegemäß zuerst verbraucht werden, sind dies nach der Lifo-Methode die zuletzt und mit den höchsten Preisen beschafften Vorräte.

d) richtig:
Es werden die kumulierten Differenzen zwischen der handelsbilanziellen (fiktiven) und der steuerbilanziellen (effektiven) Steuerbelastung des Jahresergebnisses rechnerisch abgegrenzt.

e) richtig:
Je niedriger der gewählte Herstellungskostenansatz der Fertigerzeugnisse, desto höher sind die das Ergebnis der Herstellungsperiode mindernden (nicht aktivierten) Aufwendungen. Ein niedriger Herstellungskostenansatz (Teilkosten) führt in der Verkaufsperiode zu einem entsprechend höheren Ergebnis.

Lösungen zu Aufgabe 2: HGB versus IAS

a) falsch:

Das Aktivierungsverbot nach § 248 II HGB gilt nur für selbstgeschaffene immaterielle Vermögensgegenstände des *Anlagevermögens*. Für selbstgeschaffene immaterielle Vermögensgegenstände des *Umlaufvermögens* besteht Aktivierungspflicht.

b) falsch:

Aktivierungspflicht für Entwicklungskosten besteht nur, soweit die Ansatzkriterien des IAS 9 erfüllt sind. Ist dies nicht der Fall, besteht Aktivierungsverbot.

c) richtig:

Nach § 253 II 3 HGB kann bei nur temporärer Wertminderung eine Abschreibung auf Sachanlagen unterbleiben (Wahlrecht); bei Kapitalgesellschaften muß sie gemäß § 279 I 2 iVm. § 253 II 3 HGB sogar unterbleiben. IAS 16.56 ff. schreibt hingegen auch bei temporären Wertminderungen zwingend eine Abschreibung vor.

d) falsch:

Nach HGB ist im allgemeinen erst dann bei dem Leasingnehmer zu aktivieren, wenn die Leasingdauer *90 %* der wirtschaftlichen Nutzungsdauer überschreitet. Nach IAS ist dann beim Leasingnehmer zu aktivieren, wenn die Leasingdauer den *wesentlichen Teil* der Nutzungsdauer umfaßt.

e) falsch:

Kosten der allgemeinen Verwaltung sind nicht Bestandteil der Herstellungskosten nach IAS (IAS 2.14), können aber nach HGB in den Herstellungskostenansatz einbezogen werden.

f) richtig:

Nach § 253 II 3 HGB kann auch bei nur temporärer Wertminderung eine Abschreibung auf Finanzanlagen vorgenommen werden (Wahlrecht). Dies gilt gemäß § 279 I 2 iVm. § 253 II 3 HGB auch für Kapitalgesellschaften. Nach IAS darf eine Abschreibung auf einzelbewertete Wertpapiere des Anlagevermögens nur dann vorgenommen werden, wenn sie auf einer voraussichtlich dauernden Wertminderung beruht (IAS 25.24). Die Berücksichtigung temporärer Wertminderungen ist dagegen zulässig für portfoliobewertete Marketable Securities (IAS 25.25).

g) falsch:
Die Abschreibungsmethode muß gemäß IAS 16.43 dem wirtschaftlichen Nutzungsverlauf entsprechen.

h) falsch:
Führt die Neubewertung zu einer Erhöhung des Buchwerts über die fortgeführten Anschaffungs- oder Herstellungskosten hinaus, so ist der Unterschiedsbetrag erfolgsneutral in eine Neubewertungsrücklage einzustellen; das Jahresergebnis bleibt unberührt.

i) falsch:
Soweit die Wertpapiere zum Marktwert bewertet werden (Mark-to-Market-Prinzip; IAS 25.19 a) ist eine Zuschreibung auch dann geboten, wenn der Marktwert über die Anschaffungskosten steigt.

j) falsch:
Dies gilt nur nach IAS. Nach HGB gilt das Anschaffungskostenprinzip. Der Stichtagskurs bildet nach HGB nur insoweit die Grundlage der Währungsumrechnung, als dadurch die Anschaffungskosten der Forderung nicht überschritten werden.

k) falsch:
Die planmäßige Abschreibung stellt nach HGB (§ 309 I 2 HGB) nur eine Möglichkeit der Behandlung eines konsolidierungsbedingten Goodwills dar. Alternativ kann ein Goodwill mit jährlich mindestens 25 % (unplanmäßig) abgeschrieben werden (§ 309 I 1 HGB) oder aber offen von den Rücklagen abgesetzt werden (§ 309 I 3 HGB). IAS 22.42 sieht hingegen eine planmäßige Abschreibung über die Nutzungsdauer vor.

l) falsch:
IAS 21 schreibt die Methode der funktionalen Währungsumrechnung vor; nach HGB herrscht Methodenfreiheit.

m) richtig:
Es handelt sich um Innenverpflichtungen, deren Rückstellung nach IAS unzulässig ist (IAS 10.3).

n) falsch:
Auch nach IAS besteht Passivierungspflicht für drohende Verluste aus schwebenden Geschäften (IAS 10.3 ff.).

Lösungen zu Aufgabe 3: Ansatz und Bewertung nach HGB und IAS

a) Eine Abschreibung auf den niedrigeren Marktwert von DM 240 je Aktie ist nach HGB zulässig, aber nicht zwingend geboten, da es sich lediglich um eine vorraussichtlich vorübergehende Wertminderung handelt (Wahlrecht; § 279 I 2 iVm. § 253 II 3 HGB).

Für einen IAS-konformen Jahresabschluß muß auf eine solche Abschreibung verzichtet werden, da nach IAS nur dauernde Wertminderungen bei Wertpapieren des Anlagevermögens zu Abschreibungen führen (IAS 25.24). Die Aktien sind unverändert mit den Anschaffungskosten von DM 250 je Aktie zu bewerten und entsprechend mit einem Gesamtwert von DM 250.000 in der Bilanz anzusetzen.

b) Die Abschreibung ist nach HGB unzulässig, da das Abschreibungswahlrecht des § 253 II 3 HGB bei voraussichtlich vorübergehender Wertminderungen im Anlagevermögen für Kapitalgesellschaften nach § 279 I 2 HGB auf das Finanzanlagevermögen begrenzt ist. Eine Konformität zu IAS ist nicht herzustellen, da eine Abschreibung auf das Sachanlagevermögen auch bei voraussichtlich temporären Wertminderungen vorgeschrieben ist (16.56 ff.).

c) Die an der Z-AG gehaltenen Aktien sind dem Umlaufvermögen zuzuordnen, da sie nicht dauerhaft dem Geschäftsbetrieb dienen sollen. Der Ansatz von Wertpapieren des Umlaufvermögens mit einem über den Anschaffungskosten liegenden Marktpreis ist zwar nach IAS zulässig („Mark-to-Market"-Prinzip; IAS 25.19 a), nicht aber nach HGB, das als Obergrenze die Anschaffungskosten vorschreibt (§ 253 I 1 HGB). Die Aktien an der Z-AG sind folglich nach HGB mit den Anschaffungskosten von DM 300 je Aktie zu bewerten und gehen mit einem Gesamtbetrag von DM 75.000 in die Bilanz ein. IAS-Konformität ist dennoch gegeben, da für Wertpapiere des Umlaufvermögens alternativ eine Bewertung nach dem Prinzip des „lower of cost and market" möglich ist (IAS 25.19 b).

d) Die Transportkosten stellen Anschaffungsnebenkosten dar, die sowohl nach HGB (§ 255 I 2 HGB) als auch nach IAS (IAS 2.8; 16.16, 16.25) neben dem Anschaffungspreis zu den bilanziellen Anschaffungskosten zählen.

Situation zum 31.12.1995:

	240.000 DM	Bilanzieller Wertansatz
./.	20.000 DM	Transportkosten
=	220.000 DM	Preis für 1.000 t

=> *Marktpreis: 220 DM/t*

Situation zum 31.12.1996:

Marktpreis: 240 DM/t

Bilanzielle Konsequenzen:
Zwar besteht nach § 280 I HGB eine Wertaufholungspflicht bis zum höheren beizulegenden Wert von 240 DM/t; dennoch kann nach § 280 II HGB von dieser Wertaufholung abgesehen werden, um steuerrechtliche Konsequenzen einer solchen Zuschreibung zu vermeiden (Wahlrecht). Gegen die Beibehaltung des Wertansatzes des Vorjahres können somit aus der Sicht der

HGB-Rechnungslegungsvorschriften keine Einwände erhoben werden.
Im Sinne einer möglichst IAS-konformen Rechnungslegung sollte dennoch von der Wertbeibehaltung abgesehen werden und auf den höheren beizulegenden Wert von 240 DM/t zugeschrieben werden, da die IAS ein solches Wahlrecht nicht vorsehen, sondern ein strenges Wertaufholungsgebot beinhalten (IAS 16.59 f.). Entsprechend sind die Rohstoffe im Abschluß 31.12.1996 mit einem Gesamtwert von DM 260.000 (DM 240.000 Rohstoffkosten + DM 20.000 Transportkosten) anzusetzen.

e) Diese kombinierte Abschreibungsmethode, die nach deutschem Steuerrecht anerkannt ist und dem Zweck möglichst hoher Abschreibungsbeträge dient, wird auch handelsrechtlich als zulässig erachtet. Mit den IAS, die explizit eine planmäßige Abschreibung entsprechend dem tatsächlichen wirtschaftlichen Nutzenverlauf fordern (IAS 16.43), ist der Wechsel der Abschreibungsmethode nur dann vereinbar, wenn er wirtschaftlich begründet ist.

f) Die fällige Reparatur stellt eine im zurückliegenden Geschäftsjahr unterlassene Instandhaltung dar. Da sie innerhalb des nächsten Geschäftsjahres nachgeholt werden soll, nicht aber in den ersten drei Monaten, besteht in der Rechnungslegung nach HGB ein Wahlrecht zur Bildung einer Aufwandsrückstellung in Höhe der zu erwartenden Kosten von DM 100.000 für die Instandsetzung (§ 249 I 3 iVm. I 2 Nr. 1 HGB). Im Hinblick auf die Erstellung eines möglichst IAS-konformen Jahresabschlusses muß eine solche Rückstellung allerdings unterbleiben; Rückstellungen für Innenverpflichtungen (Aufwandsrückstellungen) sind nach IAS unzulässig (IAS 10.3).

g) Da die Gründe für die in 1995 vorgenommene außerplanmäßige Abschreibung auf die Maschine am 31.12.1996 keinen Bestand mehr haben, ist nach § 280 I HGB eine Wertaufholung auf die fortgeführten Anschaffungskosten vorzunehmen. Von dieser Wertaufholung *kann* allerdings nach § 280 II HGB abgesehen werden, um steuerrechtliche

Konsequenzen einer solchen Zuschreibung zu vermeiden (Wahlrecht). Gegen die Beibehaltung des Wertansatzes des Vorjahres können somit aus der Sicht der HGB-Rechnungslegungsvorschriften keine Einwände erhoben werden.

Nach den IAS ist eine solche Wertbeibehaltung unzulässig. Die Maschine *muß* auf die fortgeführten Anschaffungskosten zugeschrieben werden, da der Abschreibungsgrund entfallen ist (IAS 16.59).

In einem sowohl HGB- als auch IAS-Anforderungen genügenden Abschluß *muß* somit die Wertaufholung vorgenommen werden (HGB: Wahlrechtsausübung; IAS: Pflicht). Dabei ist auf die fortgeführten Anschaffungskosten zuzuschreiben.

Ermittlung der fortgeführten AK:

AK 1.1.1991		100.000 DM
./.	plm. Abschreibung (1991-1996)	60.000 DM
=	fortgeführte AK 31.12.96	40.000 DM

Die Maschine ist im Jahresabschluß 1996 mit einem Wert von DM 40.000 anzusetzen.

h) Eine segmentbezogene Berichterstattung ist nach HGB lediglich für die Umsatzerlöse vorgesehen. Die für Kapitalgesellschaften grundsätzlich obligatorische Aufgliederung der Umsatzerlöse im Anhang zum Jahresabschluß (§ 285 Nr. 4 HGB) kann gemäß § 286 II HGB allerdings unterbleiben, „soweit die Aufgliederung nach vernünftiger kaufmännischer Beurteilung geeignet ist, der Kapitalgesellschaft ... einen erheblichen Nachteil zuzufügen." Soweit aus der Aufgliederung der Umsatzerlöse tatsächlich erhebliche Nachteile für die L-AG resultieren (Objektivierungsproblematik!), kann somit nach HGB – unter Berufung auf diese Schutzklausel – auf eine segmentbezogene Berichterstattung über die Umsatzerlöse verzichtet werden.

Die IAS bieten keine dem HGB vergleichbare Schutzklausel. Eine Segmentberichterstattung ist in jedem Fall durchzuführen. Sie geht zudem weit über die Aufgliederung der Umsatzerlöse hinaus und macht damit für einen IAS-konformen HGB-Abschluß eine Fülle zusätzlicher Informationen erforderlich.

i) Der handelsrechtliche Herstellungskostenansatz umfaßt als Pflichtbestandteile lediglich die dem Fertigerzeugnis direkt zurechenbaren Einzelkosten (§ 255 II HGB). Die Erzeugnisse sind somit zumindest mit ihrem Materialaufwand in Höhe von DM 210 und dem Personalaufwand in Höhe von DM 310 in der Handelsbilanz anzusetzen.

Die handelsrechtliche Untergrenze des Herstellungskostenansatzes ist allerdings nicht IAS-konform. IAS 2.10 schreibt einen Vollkostenansatz vor, schließt dabei aber die allgemeinen Verwaltungskosten (und die Vertriebskosten) explizit aus. Im IAS-konformen HGB-Abschluß sind die Fertigerzeugnisse daher mit folgendem Stückwert anzusetzen:

Materialaufwand	DM 210
Personalaufwand	DM 310
Abschreibungen	DM 280
Wertansatz je Stück	DM 800

Der bilanzielle Wertansatz für die Fertigerzeugnisse beträgt damit insgesamt DM 800.000.

Lösung zu Aufgabe 4: Kapitalkonsolidierung

Bilanzposten	MU-AG	TU-GmbH	Summenbilanz	Konsolidierung Soll	Konsolidierung Haben	Konzernbilanz
Geschäftswert				*(2) 600*		*600*
Grundstücke	3.000	1.500	*4.500*	*(2) 500*		*5.000*
Maschinen	2.500	1.400	*3.900*	*(2) 200*		*4.100*
BuG	900	250	*1.150*			*1.150*
Anteile an VU	6.000		*6.000*		*(1) 6.000*	
RHB	1.800	1.000	*2.800*	*(2) 200*		*3.000*
Fertigerzeugnisse	1.000	200	*1.200*			*1.200*
Forderungen	1.100	450	*1.550*			*1.550*
Liquide Mittel	1.900	600	*2.500*			*2.500*
(Verrechnung)				*(1) 1.500*	*(2) 1.500*	
Σ Aktiva	**18.200**	**5.400**	***23.600***			***19.100***
Gezeichnetes Kapital	5.000	2.000	*7.000*	*(1) 2.000*		*5.000*
Kapitalrücklage	4.000	1.000	*5.000*	*(1) 1.000*		*4.000*
Gewinnrückl.	3.000	1.000	*4.000*	*(1) 1.000*		*3.000*
Jahresüberschuß	3.000	500	*3.500*	*(1) 500*		*3.000*
Rückstellungen	1.500	250	*1.750*			*1.750*
Verbindlichkeiten	1.700	650	*2.350*			*2.350*
Σ Passiva	**18.200**	**5.400**	***23.600***			***19.100***

Anhang B: IAS und US-GAAP im Vergleich

IAS und US-GAAP im Vergleich		
Posten	**IAS**	**US-GAAP**
Immaterielle Aktiva: Entwicklungskosten	IAS 9	SFAS 2
• Aktivierung	Aktivierungspflicht (5 Voraussetzungen)	Aktivierungsverbot
Sachanlagevermögen	IAS 16	ARB 43 (Chapter 9), SFAS 121
• Bewertungsobergrenze	EM: Anschaffungskosten AZM: Neubewertung	Anschaffungskosten Neubewertungsverbot
• Außerplanmäßige Abwertung	wenn erzielbarer Ertrag aus dem Aktivum kleiner als Buchwert bei Anwendung der Neubewertung: zunächst Auflösung der zugehörigen Neubewertungsrücklage	wenn künftige, nicht abgezinste Cash-flows aus dem Aktivum kleiner als Buchwert
Fremdkapitalzinsen	IAS 23	SFAS 34
• Aktivierung	EM: Nicht-Aktivierung (Aufwand) AZM: Aktivierung, sofern Anschaffung oder Herstellung von Qualifying Assets	Aktivierungsgebot bei Anschaffung oder Herstellung von Qualifying Assets, ansonsten Aktivierungsverbot

Abb. 66: IAS und US-GAAP im Vergleich (Fortsetzung ...)
Quelle: in Anlehnung an Coopers & Lybrand (1996).

Fortsetzung Abb. 66:

Posten	IAS	US-GAAP
Sachanlagevermögen: Leasing	IAS 17	SFAS 13, SFAS 28, SFAS 98
• Finance Lease: Zuordnung nach wirtschaftlichem Eigentum	geringe Regelungsdichte	hohe Regelungsdichte
• Mietaufwandsverteilung bei Operate Lease beim Leasingnehmer	systematisch nach Nutzen	linear
• Sale and Leaseback	bei Finance Lease: passivische Abgrenzung und Verteilung des Verkaufsgewinns über die Vertragslaufzeit	differenziert nach Finance-, Operate- und Immobilien-Lease; unter restriktiven Voraussetzungen sofortige Gewinnrealisation möglich
Wertpapiere	IAS 25	SFAS 115
• Ausweis- und Bewertungskategorien	Anlagevermögen (Non-Current Investments) Umlaufvermögen (Current Investments)	Held to Maturity-Wertpapiere: Anlagebestand; Rentenpapiere, die bis zur Fälligkeit gehalten werden Available for Sale-Wertpapiere: Wertpapiere, die nicht unter die Held to Maturity- oder Trading-Kategorie fallen Trading-Wertpapiere: Handelsbestand, baldige Wiederverkaufsabsicht
• Bewertung	Anlagevermögen: – Anschaffungskosten oder – Neubewertung oder – Niederstwert (für portfoliobewertete marketable securities) Umlaufvermögen: – Marktwerte oder – Neubewertung oder – Niederstwert	Held to Maturity-Wertpapiere: – Anschaffungskosten Available for Sale-Wertpapiere: – Neubewertung Trading-Wertpapiere: – Marktwerte

Fortsetzung Abb. 64:

Posten	IAS	US-GAAP
Vorräte	IAS 2	ARB 43 (Chapter 4)
• Anschaffungskosten	EM: FIFO oder gewogener Durchschnitt AZM: LIFO	FIFO, gewogener Durchschnitt oder LIFO
• Niederstwert	im allgemeinen Nettorealisationswert	Wiederbeschaffungskosten, falls kleiner als Nettorealisationswert und größer als Nettorealisationswert abzüglich einer üblichen Gewinnspanne
Langfristige Fertigung	IAS 11	ARB 45
• Percentage of Completion-Methode	vorgeschriebene Methode (sofern Leistungsfortschritt und zurechenbare Kosten zuverlässig meßbar)	vorziehenswürdige Methode (sofern Leistungsfortschritt und zurechenbare Kosten zuverlässig meßbar)
Rückstellungen	IAS 10	SFAC 6, SFAS 5
• Wahrscheinlichkeit der Inanspruchnahme	ungeregelt: über 50 % oder 70-80 %	Praxis: etwa 70-80 %
• Wertansatz innerhalb einer wahrscheinlichen Bandbreite	*zumindest* der niedrigste Wert	niedrigster Wert zwingend
Konsolidierungspflicht	IAS 27	ARB 51, SFAS 94
• Befreiung für Teilkonzerne	Mutterunternehmen wird selbst als 100 %-ige oder (mit Zustimmung der Minderheit) nahezu 100 %-ige Tochtergesellschaft in einen Konzernabschluß einbezogen.	keine

Fortsetzung Abb. 66:

Posten	IAS	US-GAAP
Kapitalkonsolidierung: Erwerbsmethode	IAS 22	APB 16, APB 17
• Methode	EM: Buchwertmethode AZM: Neubewertungs-methode	Buchwertmethode
• Abschreibung des Goodwill	planmäßig bis 5 Jahre; in begründeten Ausnahmefällen bis maximal 20 Jahre	planmäßig bis maximal 40 Jahre
• Badwill (Negative Goodwill)	EM: Abstockung des nichtmonetären Vermögens; Passivierung und planmäßige Auflösung des Restbetrags AZM: Passivierung des vollen Unterschiedsbetrages, planmäßige Auflösung	wie empfohlene Methode nach IAS
Joint Ventures	IAS 31	APB 18, SFAS 94
• Konsolidierungs-methode	EM: Quotenkonsolidierung AZM: Equitybewertung	Equitybewertung (Erleichterung: Quotenkonsolidierung möglich für Nicht-US-Gesellschaften)

Legende zu Abb. 66:

EM	Empfohlene IAS-Methode (Benchmark Treatment)
AZM	Alternativ zulässige IAS-Methode
SFAS	Statement of Financial Accounting Standards
APB	Accounting Principles Board Opinion
ARB	Accounting Research Bulletin
SFAC	Statement of Financial Accounting Concepts

Literaturverzeichnis und -empfehlungen

I. Literaturverzeichnis (Quellen)

Baetge, J. (1996): Bilanzen, 4. Aufl., Düsseldorf.

Baetge, J. (1994): Konzernbilanzen, 1. Aufl., Düsseldorf.

Coenenberg, A.G. (1994): Jahresabschluß und Jahresabschlußanalyse, 15. Aufl., Landsberg/Lech.

Coopers & Lybrand (1996): Accounting Comparisons US/IASC, London.

Dusemond, M. (1996): Skriptum zum Grundlagenseminar Rechnungslegung (Konzernabschluß) der DVFA, Frankfurt.

Federmann, R. (1992): Bilanzierung nach Handels- und Steuerrecht, 9. Aufl., Berlin.

Glaum, M./Mandler, U. (1996): Rechnungslegung auf globalen Kapitalmärkten, Wiesbaden.

Gross, G./Schruff, L./v. Wysocki, K. (1986): Der Konzernabschluß nach neuem Recht, Düsseldorf.

Kessler, H. (1996): Skriptum zum Grundlagenseminar Rechnungslegung (Einzelabschluß) der DVFA, Frankfurt.

II. Literaturempfehlungen

a) Die *deutsche Rechnungslegung* wird zusammenfassend dargestellt in den folgenden Lehrbüchern (Auswahl):

Baetge, J. (1996): Bilanzen. 4. Aufl., Düsseldorf.

Coenenberg, A.G. (1994): Jahresabschluß und Jahresabschlußanalyse., 15. Aufl., Landsberg/Lech.

b) In die *deutsche Konzernrechnungslegung* führen ein:

Baetge, J. (1995): Konzernbilanzen. 2. Aufl., Düsseldorf.

Busse von Colbe, W.; Ordelheide, D. (1993): Konzernabschlüsse. Rechnungslegung für Konzerne nach betriebswirtschaftlichen Grundsätzen und gesetzlichen Vorschriften, 6. Aufl., Wiesbaden.

Küting, K./Weber, C.P. (1991): Der Konzernabschluß, Lehrbuch und Fallstudie zur Praxis der Konzernrechnungslegung, Stuttgart.

c) Die *Rechnungslegung nach IAS* wird zusammenfassend dargestellt in:

Förschle, G./Kroner, M./Mandler, U. (1996): Internationale Rechnungslegung: US-GAAP, HGB und IAS, 2. Aufl., Bonn.

IDW - Institut der Wirtschaftsprüfer (Hrsg.) (1995): Rechnungslegung nach International Accounting Standards. Praktischer Leitfaden für die Aufstellung IAS-konformer Jahres- und Konzernabschlüsse, Düsseldorf.

Risse, A. (1996): International Accounting Standards für den deutschen Konzernabschluß, Wiesbaden.

Wollmert, P. (1995): IASC-Rechnungslegung – Synopse zu den handelsrechtlichen Vorschriften, Stuttgart.

d) Die *Rechnungslegung nach IAS* wird erläutert und kommentiert in:

Cairns, D. (1995): A Guide to Applying International Accounting Standards, Central Milton Keynes.

Coopers & Lybrand (1996): Understanding IAS, London.

e) Eine umfassende Zusammenstellung der vielfältigen *Offenlegungserfordernisse* nach IAS liefert:

STG-Coopers & Lybrand AG (1996): Checkliste zu den International Accounting Standards, Basel.

f) Die *Originaltexte der International Accounting Standards* sind abgedruckt in:

IASC - International Accounting Standards Committee (1996): International Accounting Standards 1996, London.

www.ingramcontent.com/pod-product-compliance
Lightning Source LLC
LaVergne TN
LVHW042243300926
849161LV00003B/453
* 9 7 8 3 4 8 6 2 4 7 4 6 6 *